Mirko Bonné
Wimpern und Asche

Gedichte

Schöffling & Co.

Erste Auflage 2018
© Schöffling & Co. Verlagsbuchhandlung GmbH,
Frankfurt am Main 2018
Alle Rechte vorbehalten
Satz: Fotosatz Amann, Memmingen
Druck & Bindung: Pustet, Regensburg
ISBN 978-3-89561-409-5

www.mirko-bonne.de
www.schoeffling.de

Cils et cendres
Enfin pour toi
Juliette

Das Nein entfernt sich und das Ja kommt näher
Christian Saalberg

PARK, SIEBEN STOCKWERKE TIEFER

Escheburg

Sommer, Frühling, Winter, Herbst,
durch Jahreszeiten lief ich ihm nach,
dem Hund über die Gleisschwellen,
und ich glaube, so fanden sie mich,
Verse: Ich schoss Schottersteine
und lief, bis wo sie liegenblieben,
um sie weiterzukicken, Jahre,
Wochen, Stunden verspielt.

Was ist daran so unvergesslich.
Immer gleich lange Schritte, Hund,
Gras, Schotter. Und ich glaube, ich
versank in mir, aber teilte ja genauso
alles, oder fast: Gesänge der Grillen
Ende August, die Bisse des Frosts,
den Bus, der aus dem Nebel bog,
Wind, die Fasane bei Gryphius.

Alter Landweg bei Bergedorf

In Schlaglöchern gefunden:
Löffel von einem Pommerntreck.
Ich kann das Vergessen erkunden
    in lauter schlammigem Dreck,

und die Scherben aus klarem Glas
sind Kristalle, die ich in Taschen trage.
Betrunkene warfen Flaschen ins Gras,
    Birnenbrand erster Nachkriegstage.

Der Schädel am Weg ist nicht so alt.
Da sind von vorsichtigen Tieren Fährten.
Wird es Ende Mai über Nacht wieder kalt,
    suchen sich Füchse in wilden Gärten.

Für Sonja Meisel

Den Wolken

Bei scharfen Böen, zwölf frühere Grafschaften
tief im Innern des Festlands, riecht der Schulbus,
wenn er in den Ort taucht, immer noch nach Meer.
Die im Wind tanzende Wäsche ähnelt Leuten, die
einen Zirkus eröffnen wollen in einem Jahrhundert,
in dem alles Zirkus ist, und die Gänse in den Gattern
spreizen die Schwingen, schnattern: O blauer Raum
frühmorgens über den Dächern! Da hineinzusteigen
schwebt ihnen vor in der Wölbung unter dem Gefieder
zwischen den schmalen Augen, kein Anfall, nur Anflug,
Tagträumen vergleichbar, jeder kennt sie, die Unruhe,
die ihre Schnäbel schmecken und zu tun haben muss
mit aufkommendem Schneetreiben, dem trabenden
Gras und den wilden Muttertieren oben, den Wolken.

Stadthausbrücke

Unter dem Krähenhimmel,
durch den Regen so stürzt,
die Kreuzung,
         die Ampeln,
der Wind in den rasselnden
Wipfeln, und wie eisig Luft
durch das Fensterglas will,
zu dir,
       weil du noch lebst,
nicht mal frieren musst du
in dem gelben Zimmerchen
zum Schreiben und Schlafen.

Mitte

Da tänzeln sie hin und bestaunen
einander das Gesicht. Da ist Leben
aus dem Häuschen. Ach, ich möchte
immer deine Freundin sein. Die Hände
um den Mate-Tee. Sie gehen vorbei,
wie alles ja zum Glück vorbeigeht.
Liebe. Gibt es so gesehen nicht.

Und der Sinn des Ganzen? Keiner.
Du stehst an einem dunklen Fenster,
rauchst in die Nacht, Gelächter kommt
aus einem Hof, und letzte Maschinen
starten in Tegel. Zwei Straßen weiter
wohnte Dora Diamant. Zeit vergeht,
die Pergola blüht. Wieder Sommer.

Grüne Kräne

Fenster in die Dunkelheit, zu der Stadt dort,
weihnachtlich beleuchteten Kränen – Zimmer
mit Ausblick aufs Jenseits. Im Park, sieben
Stockwerke tiefer, liegt der alte Hop-
penlaufriedhof, du aber fliegst
nicht hinunter, zu Hauff, zu
Schubart und Gok, gehst nicht
durch die Luft, und pfeift auch weiter
verlockend ein tödlicher Adventwind. Bist noch
ganz von heller Welt umgeben. Die Kräne schwenken
grün durchs Dunkel, sie sind Wolkenkuckucke, sie
kokettieren wie Lilith mit dem Teufel. Last-
brennnesseln. Die fassen zu können
du glaubst, indem man beherzt
zupackt, ohne Furcht.

An einem grauen Stuttgarter Mittag

Endlose Treppen vom Olgaeck
hinauf zur Zimmermannstraße.

Bestimmt war das früher mal ein
Weinberg, und Weinbergpferde

trotteten hier so wie jetzt wir.
ES IST LIEBE hatte jemand dünn

an eine Betonwand gesprüht. Da,
ein weißer Engel, der beugte sich

über einen Brunnen ohne Wasser.
Asia-Imbiss und Nagelstudio. Felder

voller Disteln mit wilden Birnbäumen
lagen hier mal. Schiller im Gras. Und

der junge Hölderlin, die blonde Mähne
bis sonstwo. Diese silbernen Sommer.

Aber wohl kaum schöner, wie auch.
Das Gras war dasselbe. Das Grau

oben am Himmel. Die Zärtlichkeit,
die fehlt, bis du sie spürst, bis du

spürst, du lebst, sie war dieselbe,
die Abgestorbenheit ist nur Gerede.

ALS BELGIEN FURCHTBAR WAR

Eisgrube

Wallenstein in Bamberg träumte von Schweden,
und hier ging Wollschläger und hatte im Kopf
den Fluss, den Fluss. Vom Hexenbrenner,
dem Fuchs von Dornheim, was blieb
von der Gier der Hassprediger
gegen Küsse, Brüste, Lust und
den Rausch, zum Glück zu leben?
Totengeflatter. Mauern. Wer weiß, wo
der Ausgang ist. Womöglich am Eingang.
Der Erlöser mit den schönen Augenbrauen
wartet im Regen, du im Café Graupner.

»Wider das Tausendzüngige der
Freien! Den Kot ihrer alles und
jeden hinnehmenden Gelassenheit!
Gegen die Liebe, gegen die Leichtigkeit,
und eingemauert die Zuneigung! Widerstrebt
gleichgesinnt randständigen Elementen. Gegen
das Offene, die sich lebendig schimpfende
Verharmlosung der Moral des einzigen
Gottes! Gegen ihre Liebessucht,
steht auf wider die Widerrede-
gier. Sie lügen! Verratet!«

Obere Pfarrkirche, Mauer
Unserer Lieben Frau. Die Tauben
kommen zurück. Sie landen und finden
aufgeplustert Platz auf den nackten Armen
des Herrn. Und sie warten. Worauf?
Dass alles endlich fliegen lernt,
abhebt und die Weite sucht?
Worauf warten, hm, Messias?
Kinder fliegen vorbei. Sie segeln
in die Gasse, die Eisgrube, stehen rum,
blödeln in der Sonne. Sie lachen und sind jung.

Parkplatzkönig

Nicht mal ein dürrer Gaul zieht so ein Fuhrwerk,
    wie ihr es »parkt« auf Gloucesters lautem Grab.
Noch unter Schlamm und plattgewalztem Stein
    kann ich, der König, eure Karren riechen.
Schert euch davon, ihr York, mein England ihr,
    ihr meine Welt verpestenden Hanswurste!
Denn ich fühl mich erinnert, und was ist
        Erinnerung? Doch nur ein Gaukelschmerz.

Gespalten meinen Schädel, nackt, geschändet,
    im Rücken einen schwarzen Pfeil, den Strahl
von Einem, der sich für ein Lichtchen hielt,
    lag ich in Bosworth Field tot auf dem Schlachtfeld
bei tausend Aufgespießten und Verrenkten.
    Man band mich auf ein Pferd, Arsch in die Luft.
    Der Klepper trottete mit mir nach Leicester.
        Ein Kerl, ein Metzger schleifte mich durchs Tor.

Ich wurde aufgebahrt, verhöhnt, beschmiert,
    im Inn *The New Wake* angegafft vom Volk
ob meiner Buckligkeit, und kam ins Grab
    in einem Kloster, das ein Henry – welcher!
Der neunte, glaub ich, oder gab's den nicht? –
    bald schleifen ließ. Mich König grub man aus,
    mir Krüppel hackte man die Füße ab
        und warf die Leiche Richard in den Soar.

Ich war die Sonne, die im Fluss versank!
    Fragt meine Brüder, Knechte meiner Folter.
Fragt Clarence, Hastings, Rivers, Grey, die Kinder,
    Fragt alle hinters Licht Geführten – tot!
Verbrannt von Richards Sonne wie er selbst.
    Hier unterm Stein – BEHINDERTENPARKPLATZ –
    als angeschwemmter Menschenrest verscharrt,
        ist seit fünfhundert Jahren Mitternacht.

Ich war ein Mensch, war ich es nicht? Ich liebte,
    wenn auch nur mich, und war vor Zweifeln krank,
ob Mister Shakespeares klügstes Ungeheuer
    wohl wirklich etwas außer Schmerzen fühlt.
Mag sein, ich bin bloß noch ein Parkplatzkönig.
    Wer weiß, ob ihr noch wirklich Menschen seid.
    Vielleicht seid ihr vergraben in der Luft,
      wie ich's bin im Morast. Wer gräbt uns aus?

Wo sind sie hin, mein Königreich, mein Pferd.

Tränenturm

Am Uferweg die Kiesel,
da dampften und rauchten
sie zwischen Weidenbäumen,
und unter tausend Fenstern
in den Traubenbergen
mit Blick zum feurigen Neckar
brannte innen und brannte außen
der Turm. Dach und Kähne schmolzen,
Brücke, Häuser, Wiesen brannten,
der Fluss, die Insel, die Fenster,
Klavier und Musik brannten,
Pult, Tisch, die wasserlose Karte
von der rückwärtsgehenden Garonne.
Plochingen, Wendlingen, Nürtingen,
Metzingen, Reutlingen, Tübingen
standen in Flammen, und auch
die unscheinbare Universität
aus Steinchen war hell Feuer,
die rußbeblümte leere Unterwelt,
die Höll', der lieh nie einer irgendwas,
kein Gold, kein Mitgefühl, kein Wasserglas.
Herbst und Winter endlos Hitzesommer,
und Schloss, und Burse, Cottahaus,
am Holzmarkt brannten Stift und
Kirche. Gott brannte. Alle
Götter und Wolken,
Blumen, alle verbrannten,
und verglühende Zitronenfalter.
Spatzen in den Lüften lodernd, Luft
sank brennend, verbrennend
in den Kieseldampf
unter den Wein.

Die lebendigen Birken
brannten. Die Augen brannten,
die Tränen. Die nie etwas
löschenden Tränen.

Ein New Yorker Zollinspektor

Jeden Vormittag stellte er sich zwischen
zehn und elf ein Mal in die übermauerte
Nische, in die von weit her das Leuchten
der Bay fiel. Der Hudson wurde silbern.
So rauchte er. Bis ihm der milchweiße
Himmel vor den Augen verschwamm.
Er las die Zeitung, im *Herald* die Lyrik,
die Buchbesprechungen der Kritiker,
so lange, bis durch die Letternreihen
wieder die schale alte Natter kroch.
Dann hob er den Blick, sah hinüber
zum Gewimmel auf der Schonerpier.

Manchmal ein Käfig, mit einem Tier.
Im Juli 1873 schwebte am Lastbaum
ein Orchester, es spielte wie der Wind
in Pittsfields Ulmen. Alle Jahre im Kopf,
neunzehn. Die Heimfahrten im Dunkel,
über den Gaslaternen am Astor Place
das Flattern der Fledermäuse. Herman,
sagte er sich selbst, Inspector Melville,
bleib stehen im Licht, verbirg dich darin.
Er hörte Jack Chase, vor vierzig Jahren.
Komm, wir hauen uns hin, rief er im Mast.
Genug, Herm, ist genug. Pennen, im Bug!

Crow

Warum nur noch Asche sein,
sagt die Krähe zu den Kränen,
wenn ihr im Licht steht, warum
ist mein Lied Krächzen. Waa!

Wolkenkratzer, Straßenbahnen.
Ich hatte ein Gefieder, so bunt
wie die Wolken Waa! im eisigen
Wind. Hatte Flüsse als Federn,

Krallen, die ritzten Geräusche
der Bäume in den Boden, damit
Waa! ein Weg war zur Wärme der
Sommerstraße. Sie war ein Feuer.

Ein Flammen, ein rotes Geloder,
gespenstisch Waa! ein lohendes
Fenster. Ich flog durch es durch,
und es war der Adler, war Waa!

der Gott, der mich schwärzen,
stumm sein ließ und verbrennen.
Lied und Landkarte und Mantel,
in Krähenträumen Waa! sind sie

eins. Ich kam in einen Morgen.
Und Wipfel war das große Licht.

Für Tony Birch

Als Belgien furchtbar war

Als es darum ging, etwas
zu sagen. Als wir hineinstarrten
in das Himbeergebüsch. Als keinerlei,
keine Antwort kam. Als die Nacht
nicht aufhören wollte. Als sie
aufhörte ohne Klagen. Als
die Schmerzen nachließen,
als keiner mehr etwas wusste
gegen Schmerz. Als ich wieder nur
sie liebte. Als sie mich beinahe vergaß.
Als die Kirchen einstürzten. Als er starb, der
Elefant, der Angst hatte vor seiner Umsiedlung
nach Belgien. Als wir endlich verstanden,
warum. Als einer das Gras mähte.
Als das Gras weiterwuchs.

UMZUG MIT APOLLINAIRE

Bienen von Fuhlsbüttel

Über Nacht, so scheint es, über Nacht
sind alle Blüten gekommen. Die Bienen
schwärmen aus, sie fliegen, beschwingt
vom ersten dünnen Aprillicht über den
silbernen Rollbahnen. Ahnen Bienen,
dass ihre beglückende Saumseligkeit
eine dirigierte ist?
                    Flughafenbienen!
Erhöhte Schadstoffbelastung der Luft
lässt sie in ihren Kästen bleiben, Licht,
Duft weitgereister Flugbegleiterinnen
und Margeriten in Kübeln zum Trotz.
Fliegen die Bienen, fliegen Maschinen.
Über Nacht, so scheint es, über Nacht.

Lima

Die Überschwemmung von Passau,
da sie unabwendbar ist, was bringt sie
auf einem Weltklimagipfel, was trägt
sie ein? Schneller als die Alpen-
gletscher schmelzen, werden Dürren
in Australien, kalifornische Buschbrände,
Bangladeschs Überflutung und der Untergang
der Inselmonarchie Tuvalu verschachert
und zu Profitmasse. Klimawandel,
Klimahandel. Ein grüner Himmel
steht über Lima am Abschlusstag
der Konferenz, so leuchtet das Meer.
Und Wolken aus Staren rauschen über
den Hafen Ancon, bei deren Anblick einer
wie W. H. Auden denkt: Lieben müssen wir einander,
oder wir sterben. Auden selbst kam dieser Vers
allerdings ungeheuerlich vor, fast als wäre er
der Schlüssel zu einer blauen Tür, hinter der
ein unbekanntes Meer liegt, wieso er schrieb:
Lieben müssen wir einander und dann sterben.

Mauerseglerhitze,
nur ist es ja November,
an den Ufern der Salzach
ein so warmer November,
wie ihn niemand erinnert:
Wind, warm, November.
Die Vorstädte im Föhn
und Berghänge gelb,
grün und goldenbraun
im linden Pulsen der Luft.
Schöner Sommer November!
Die Vögel segeln über dem Fluss.
Und am Ufer sitzen Frauen,
essen aus hellen Tüten
das Licht, Licht
im November.

Umzug mit Apollinaire

1   ANNIE

Im Grau der Westküste des Finistère,
zwischen Brest und Le Trez-Hir, gibt es
einen Palmengarten mit einer alten Rose,
ja dort wächst etwas völlig Ausgeflipptes:
Apollinaires Stock lebt weiter als Rose.

Annie, der sie gehörte, ging da im Park
gedankenversunken täglich spazieren,
und folgte ihr einer beim Promenieren,
dann fuhr es ihm durch Bein und Mark.

Was, wenn wir alle nicht wirklich glauben?
Blüht dann etwas? Ist ein Knopf Verschluss?
Wenn alles immer wieder erlebt werden muss,
würde mir Anne-Marie sie zu küssen erlauben?

2   UMZUG EINER ROSE

Den Rosenstock, den die Tochter von Annie
im Morgendunkel in dem Garten bei Brest
ausgrub, fuhren sie und ich mit dem Rest
Möbel ihrer toten Eltern durch Normandie,

Picardie und Wallonien nordwärts. Dinge,
die wir nicht vergessen können, sind die,
welche uns verloren erscheinen lassen. Sie
bleiben, sind ungerührt. Sie gräbt, ich singe,

stehe in der Küche ihrer Kindheit, koche Tee
und versuche, sie mir auszumalen in dem Haus,
ein Kind in einem Garten. Bloß weg, Rose, raus,
ins weite Licht! Ferne. Autoroute! Himmel. See.

Für Anne-Marie Affholder   34

Rhyl

THE GREATEST CIRCUS ON PLANET EARTH!

Das blaue Meer und
der walisische Strand, und
der Hotelkasten an der Promenade
leer, verlassen Spielhalle und Spaßbude.
Und die Wirklichkeit von Rhyl, elektrisch,
offshore eingespeist in ein von jeher
erloschenes Netz. Und Hohn-
lachen der Seemöwen.
Untergangsunter-
haltung.

Komm mit nach Wulin

Von den binnen Wochen erbauten Wolken-
    kratzern hängt das Grün aus dem Himmel
in die Straßen. Alte, beladen mit einem Eisberg
    aus Styropor, fahren vorbei, und in den Augen
der Kinder liegt die Tiefe der konfuzianischen
    Zeit: Kummer ist eine Art schwerer Zweifel.

Eine Reklame, groß wie eine Schule, bunter als
    Nächte in den Volieren: BETRINK DICH IM BEZIRK
WULIN! O DER WIND IN WULIN! WO KEINER SCHLÄFT,
    IST DAS PARADIES! Im selbstfahrenden Bus, Ziel
Wulin: der eingeschlafene Fahrer, ich breite ihm
    die Daunenjacke über die schlotternden Knie.

Kanalbaumuseum, Schiffbaumuseum, Vögel-
    museum, Scherenmuseum, Messermuseum,
Wundenmuseum, Schießpulvermuseum, Katzen-
    museum, Tannenbaummuseum, Regenschirm-
museum, Regentropfenmuseum, Tränenmuseum.
    KOMM NACH WULIN! BLEIB IN WULIN! FÜR IMMER!

AUSSCHAU NACH ALLEM

Das Buch

Dieses Buch, mein, Dein, unser Buch, ich schrieb es zu Ende
im Wäschezimmer meines einmal engsten Freundes. Er und ich,
wir überdauern alles Dunkle, schien mir. Ich flog über den Golf
von Mexiko und sah die Hütten aus Karton, sah Guadalajara,
vier Tage, die mir die halbe Welt auffalteten, so weit, ich trug
das ganze Wäschezimmer hinein, den gefrorenen Garten,
das sickernde Haus, und alles fand darin seinen Platz. Du
warst bei mir, wenn auch nicht wirklich, nur ein Mal hatte ich
Dich gesehen, angekommen Du soeben in China, gebunden. Und
dennoch warst Du bei mir, wie die Kinder, da noch die Eltern und
Freunde, die blieben. Bestimmt weil wir uns am Leben erhielten,
einander und aneinander glaubten, wuchs uns Lebendigkeit zu,
die so lange warten konnte, immer Gespräch war, immer Buch.

Portrait d'une baraque
Nach Ezra Pound

Nur dich im Kopf, du mein Sargassomeer,
so sandte dir mein Hafen über Jahre Schiffe
und tat sich groß vor dir mit allem Möglichen:
Ideen, Klatsch, dem Ramsch der Neuigkeiten,
von denen ich dir alle als fantastisch unterschob.
Ein Blödian war ich – kein andrer suchte dich.
Du warst von Anfang an das Letzte. Tragisch?
Nö. Denn du wolltest einen so wie mich,
Typ finstrer Spund, blauäugig, abgestumpft,
Hirn Durchschnitt, jährlich zwei Karrieren futsch.
Oh ja, du warst geduldig, jahrelang, Jahrzehnte
standst du, wo was vorübertreiben hätte können.
Da kam ich, wollte was. Und du gabst reichlich.
Du hattest mich interessiert, ich schlich zu dir
und kriegte ja auch Wunder was dafür:
vom Wind Gefischtes, sonderbare Winke,
Tatsachendachpappe, ein, zwei Geschichten,
die mieften wie Alraunen, was auch immer
noch nützlich an dir schien, nur es nie war
und nirgends Platz und keinen Nutzen hatte,
zu keiner Stunde im Verhau der Tage, lediglich
ein morscher, bunter, wundersamer Schrott.
Figuren, Schmierfett und Emaillereklamen,
das war dein Schatz, sein Höker du. Und doch,
das ganze Wrack bloß aus dem Laub der Dinge,
aus halb durchweichtem Holz und ollem Talmi:
Im müden Fließen von mal Licht, mal Tiefe,
nein, da war nichts, in diesem Kehricht
nichts, was ganz dein war.
                          Aber das warst du.

Das Kind Kalifornien

An den Wänden die Bilder von dem Kind,
das größer geworden ist als Kalifornien.
Du siehst sein Gesicht wachsen auf
blassen Fotografien und erkennst
das Kind an seinen Ohren, dem Blick,
der Sehnsucht nach dem Ende der Enge.
Das Kind Kalifornien schrieb nie einen Brief.
Es rief keinen an. Es ging weg und blieb
in der Ferne. Von den Wänden dort,
wo du schläfst, manchmal träumst,
blickt es dich an und doch nicht dich.
Rätsel, Zweifel, wildes Wollen, wonach
sucht so ein Kind, und wonach sucht es
nicht? In jeder Regung, jeder Bewegung,
jeder Entgegnung hat das Kind ein Gesicht,
das mahnt: Trau der Festigkeit der Dinge.
Da, die Gelächterschönheit! Glaub mir,
sagt das Kind an der Tapete des Hauses,
das dir Asyl gewährt. Im Zweifel Zweifelnder.
Sei selber dein Sehnen. Wenn nötig ein Land,
sogar ein entferntes. Wenn nötig Kalifornien.

Für Uta Hansen-Denkel

Old Grand-Dad

Die zwei gefleckten Köter, die im Gras mit ihm lagen,
waren gar keine Hunde, eher als Foxterrier getarnte
Wiesel. Da, wie ertappt sprangen sie auf und fingen
zu spielen an. Sie jagten einander in die Lichtflecken.
Faulkner trank einen Schluck. Er sah den Wieseln zu,
er trank, er reckte sich auf dem gemähten Rasen und
spähte in die Wipfel. Bäume. Eschen wie an dem See,
wo er als Junge am liebsten schwamm. Bäume waren
das gar nicht, eher Häuser, die es satthatten, Bäume,
Eschen zu sein, immer bloß wachsen, grünen, gilben,
mit dem Sonnenlauf rot und kahl werden zu müssen.
Vögel wohnten darin. Kannten keine Fenster, zahlten
nichts, landeten, flogen auf und im September weiter.
Glückliche Briganten. Mit unsichtbaren Fingern aß er
aus einer unsichtbaren Schüssel unsichtbares Essen.
Dazu trank er. Die Foxterrierwiesel, die bei Gewitter
ihre Äste ausstreckenden Häuser. Und ich. Er trank,
er nahm zwei große Schluck. Ich bin nicht Faulkner.
Eher bin ich Faulkner, der vorgibt, Faulkner zu sein.
Er trank. Der Faulkner spielende Faulkner hob einen.
Lag im Gras herum. Mit Wieselfreunden. Den Silber-
schnauzbart dir rot lackieren und damit rumspringen,
wäre gut. Oder reinkriechen in die goldene Flasche,
mal wieder schwimmen gehen. Rufen: O Kentucky!

Gespräch mit dem Gecko
Im New Yorker Metropolitan Museum

Was bist du für ein merkwürdiges Ding,
dort auf dem Fuß dieser Marmorfigur?
Sie hat keinen Kopf und keine Arme,
aber Brüste, eine Scham, und steinern
schimmert alles durch Gaze aus Stein.
Würdest du mich ansehen statt nur sie,
du wüsstest, was ich bin. Du scheinst mir
eine Eidechse zu sein, aber eine blaue?
Ich bin ein Gecko. Natürlich, ein Gecko,
allerdings aus Plastik. Was machst du da,
auf dem Fuß von … wer ist sie? *Aphrodite.*
Extra Schlaue nennen sie Venus Genetrix.
Was soll ich denn machen? Ich liege, warte
und bin übrigens nicht aus Plastik. Sondern?
Aus Gummi. So? Darf man dich anfassen?
Mich ja, sie nicht, sonst kommen Wärter.
Ist sie sehr alt? *1900 Jahre, fast.* Und du?
Fabrikware, Shanghai. Da ist nichts alt.
Wer hat … *sie geschaffen, meinst du?*
Lies, was da steht. In Bronze goss sie
Kallimachos etwa 500 v. Chr., in Stein
kopierte sie ein Römer, wer, unbekannt.
Sie wurde oft kopiert, jedoch nicht so oft
wie ich. Mich gibt es acht Millionen Mal,
ungefähr. Wer hat, wollte ich wissen, dich
hier liegen lassen? *Ein kleines Mädchen.*
Bestimmt weint es jetzt. *Mandy Polansky?*
Nein. Es war ihre Entscheidung. Aphrodite
sollte nicht einsam sein, und in dem Kiosk
im Bronx Zoo kauft mich ihre Mutter neu,
keine Sorge. In der Bronx? *Für drei Dollar*
gibt es mich in jedem Zooladen zu kaufen.
Hergestellt wirst du für 10 Cent, mehr nicht,

schätz ich. *13 Cent. Die Verschiffung treibt
den Preis in die Höhe.* Geckos fliegen nicht?
In Schiffscontainer passe ich eine Million Mal.
Warum sieht dein Schwanz wie ein Blatt aus?
Weil ich ein Blattschwanzgecko bin. Nie gehört?
Nein. *Uroplatus.* Irgendwie kann ich die Augen
nicht von ihrem Umhang lassen. Ganz als wäre
die Luft ein Windhauch aus Stein. *Ist ihr Chiton,
das Unterkleid. Früher, als sie noch Hände hatte,
hob sie den Zipfel ihres Umhangs, das Himation,
mit der Rechten an.* Und ihre Linke? *Die hielt…
was wohl?* Einen blauen Gecko. *Einen Apfel.*
Ob sie wohl je so was wie dich gesehen hat?
Blattschwanzgeckos leben auf Madagaskar.
Du hast Schlitzpupillen. *Um die Zeit die Welt
zerteilen zu sehen.* Und kugelförmige Zehen!
*Sind Haftzehen. Würde ich leben, ich könnte
an Gottes Fenster kleben und schlafen, blau,
wie ich bin.* Ja, warum bist du eigentlich blau.
*Blick durch die Urwaldwipfel auf Madagaskar,
und, was meinst du, sieht man am Horizont?*
Noch mehr Wald? Afrika! *Den blauen Ozean.*
Komm, ich nehm dich mit, ich bin aus Europa,
von Hamburg ist es nicht weit bis nach Athen.
Lass mich liegen, ich warte lieber. Auf wen?
Etwa Mandy Polansky? *Worauf auch immer.*

Broadway-Melodie von 2008

singing may wash away the blood of the lamb
Grace Paley

1

Es existiert nicht, das überirdische Licht
New Yorks, nur Himmelsweite, See und
die steinern überbaute Zunge der Insel.
Der Sturm vor deinem Fenster greint –
ein später Herbstanfang für Manhattan.
Die Platanen am Broadway färben sich
rot und gelb. Immer noch jaulen beflaggt
mit Sternenbanner Löschzüge und klirren
Krankenwagen mit Totenfahne abends
durch die Thermopylen aus Boutiquen.
    Weggetragen letzte Reste Wärme,
       ist der Sommer ausverkauft.

2

Von allem getrennt, das du liebhast,
bleiben Lieder. Sie ziehen sich zurück –
einer singt vom *New York State of Mind* –
in ihre Sanftmut, ganz als legte sich ein
Lamm mitten auf dem Broadway nieder.
Eine Abendmaschine kreist über Queens.
Starenschwärme teilen sich und fliegen
aufs Meer. Durch seinen Regen irrst du
tiefer in Geschäfte für Bilder, für Sirenen
sinnlos verloren, ratlos mit einem Blick
    telefonierend, täglich intangibler,
       unberührbar dein Gesicht.

45

3

In den Sinn gebunden eines der Lieder –
ein kleines Kind im Lift nach oben weint –
lauschst du über den Wipfeln im 7. Stock
am Fenster deines regengrauen Turms.
Du spürst, Blut läuft dir durch die Glieder
zum müden Herzen eines Dobermanns,
der träumt. Howard Hughes vertickert in
blauen Wildlederschuhen Gedichte und
B-Boys performen zu *In the Mood.* Einer
sprüht Gottes Blumennamen an Wände.
    Mädchen skandieren jiddische Reime.
      Laub und Regen, Raub und Segen.

Moon

Du warst ganz Auge,
ein Auge, das lief
und zukam auf jeden
in deinem Weg. Mit Fingern,
aus Blume, aus Papierserviette,
hast du den Tisch abgewischt, Tisch
mit dem Namen Toter Fisch.
Da stand so ein Baum,
und davor du als
die Lösung,
Lösung ohne Gleichung,
ohne Aufgabe, ohne Problem.
Der Baum wuchs ohne Problem!
Wir alle berührten einander,
oder wir starben. Wir,
Begreifen, Beben,
und du warst in der Mitte,
Mitte von allem, das erst begann.
Beginnen, das erst begann
zu laufen. Beginnen
mit Beinen.

DAS WEITE GEFUNDEN

Aufwachen in Victoria

Das ist also Melbourne: der Morgen
    getaucht in ein Hellblau, das herab-,
auf die Dächer heruntergefallen scheint.
    Kräne, Blätter hochwirbelnde Straßen-
bahnen. Vorüber rauschen kahle Platanen.
    Und Gottes Atemwolken ziehen nord-
wärts nach Wagga Wagga.
                   Die längsten
    denkbaren Finger öffnen das Schließ-
fach des Himmels, bis es taghell wird,
    so schnell, dass du erschrickst Ecke
Swanston und Franklin. Rede nicht nur,
    bloß um dich umzudrehen und wegzu-
gehen, sprich mit ihr:
                  Sie ist ein Regen,
    die Welt, und liebt die fünf Sinne. Über-
schwemmt dich. Ist zartfühlend, ist schroff
    oder Buschfeuer. Sie kommt durch die-
ses Fenster, in deine Augen, mit allem
    Licht erwartet sie dich an deinem
ersten Aprilherbsttag in Victoria.

Für Emma Lew

Bojendorf

Das Dreieck Garten,
Bug im knisternden Laub,
ein Erlenschoner vorm Wind.
Halt Kurs, auf die Inselränder!
Dein Schiff, die alte *Wehmut*,
hat fünfzig Birnenkanonen,
Mauersegler folgen ihr,
Seemöwen rufen: Herz!
Land! Schwalben schießen
durch die Scheune aus Bläue,
in der nachts Fehmaraner
die Sonne wegsperren.

Ein blasser Klüver
wächst aus dem Rasen:
Stockrose. Endlich meutern!
Lass die Korsarenerinnerungen.
Wieso will keiner tanzen?
Es gibt Wogen, die
sind tiefer und wilder
als alles so zu Beweinende.
Vorm Gartenbug Stoppeldünung,
Füchse, seit über fünfzig Sommern.
Sieh nur, die Pracht, Schäumen
auf dem himmelgrünen Gras.

Briefe im Freien

Regenprasseln. Himmelsgeld!
Kommt wer von Norden ins Dorf,
hört man es: So klingt der Verzicht
auf das Zugrunderichten der Welt.

Kommst du von Norden ins Dorf,
trinkt man da kalten Johannisbeertee
und erfindet in Tassen Fische aus Licht,
damit es, ohne Bogen, Regenforellen gibt.

Wer Fragen hat und auch Antworten liebt,
öffnet Briefe im Freien, blickt versunken
auf seine Faust: Muster aus Schorf.
Tränenfrühstück. Wir lesen:

Hier ist einmal einer gewesen,
der ist in einem fernen Meer ertrunken,
lebte davor aber lange in dem grünen Haus am See.
Komm mit! Wir laufen nach Norden, und später zurück ins Dorf.

Für Henning Ahrens

53

Solsbury Hill

Hinaufgefahren den Solsbury Hill,
sah ich unten im Tal Bath funkeln.
Komischer Wind: Die Zeit stand still,
ich hörte Peter Gabriel im Dunkeln.
Als zöge mich das Lied in den Bann.
Oben geparkt, hörte ich noch einmal
genauer hin, spannte jeden Muskel an,
als hätte ich zu hören, hätte keine Wahl.
Der Song war nicht zu durchschauen,
ich musste der Vorstellungskraft trauen,
mein Herz ging bumm, bumm, bumm.
»Junge«, hörte ich, »steh hier nicht rum,
eh du was einreißt, muss man es bauen.«

Ausgestiegen, wanderte ich querfeldein.
Es nieselte, und mir schien durchgeknallt,
Wasser verwandeln zu wollen in Wein.
Ein dunkles Waldstück öffnete sich bald.
Vorüberzogen meine letzten Reisetage,
die Flucht vor einem Leben als Attrappe,
ohne zu wissen, was ich denn beklage
und welche Verbindung ich wohl kappe.
Wie Gabriel Teil einer Bühnenregie,
kam ich direkt aus der Maschinerie,
mein Herz ging bumm, bumm, bumm.
»Hey«, hörte ich ihn, »lauf nicht rum,
halt zu auf jemand, auf dich oder die.«
(Ja, lauf nicht rum.)

Wo nichts das Netz der Illusion zerreißt,
bin ich nie da, wohin es mich doch zieht.
Und Freiheit dreht sich, kreist und kreist,
wenn ich bloß müde glaube, ich bin frei,
und dabei blickt ein leerer Kreis mich an,

der zigfach Auge ist, doch nichts je sieht.
Das weiche Gras. Der Regen war vorbei.
Wusst ich auch nicht, wer man sein kann,
ich spürte immerhin, was mich verletzt.
Die Zeile aus dem Lied begriff ich jetzt:
Mein Herz ging bumm, bumm, bumm.
»Hey«, sagte ich mir, »schau dich um,
den ganzen Hügel hast du übersetzt.«

Symi

Überall der Müll eines Sommers,
auf jeder Böschung die Plastikpracht.
Weggeschmissen, plattgetreten, liegen-
gelassen und vergessen Verpackungen
von mal Dagewesenem, nur nie Zurück-
gekehrtem, Flaschen in allen Färbungen,
rostzerfressene Dosen, eine zerwaschene
Tasche oder zerrissen ein Koffer. Vor Jahren
am Straßenrand abgestellte Wagen, Wracks,
ausgeschlachtet, halb verfallen, eingekackt,
beschmiert.
          Du bückst dich, als dir auf dem
Asphalt etwas Helles ins Auge fällt, und blickst
ein Götterpüppchen an, das nur den halben Kopf
und keinen Körper hat, dafür aber auf den Lippen
Aphrodites Lächeln. Im vertrockneten Gras liegen
in Schichten übereinander die Überreste dessen,
was nicht hineinzustopfen war in die Felsspalten
und die Nischen der Mauern und der Wände
aus wieder und wieder, wieder und wieder
verbauten Brocken. In den Baumkronen
gekappte Leitungen, Kabelgezweig.
An den Strand branden Zahnbürsten,
Schaum aus Verschlüssen und Deckeln,
Kappen, Stiften, Stäbchen, Knöpfen
und verblassten, blinden
Stofftieraugen.
          Auf dem
griechischen Eiland Symi nur
wenige Seemeilen vor der türkischen
Küste steht in der Oberstadt des Fischerhafens
ein Haus, dessen Dach, Innenwände und Fuß-
böden hat ein das aufgegebene Gemäuer

nach und nach einnehmender Baum
gesprengt.
                    Wild, tief dunkelgrün,
wächst die Feige auf Unrat und Müll,
hineingeworfen zu den Fenster-
löchern – wie in einen
Schacht, in dem
Verfallenmüssen und
Leere zusammenfinden und
Zeit und Tod vergehen vor lauter Leben.

Vela Luka

In den hohen Oliventerrassen,
wo Lavendel wächst, Fenchel, Majoran,
wenn du zwischen den Steinzäunen hindurch
dort in den Mittag wanderst, dann achte
auf den hornissengroßen Vogel
oder Fastvogel, Schwärmer,
sein wildes Schwirren
von Blüte zu Blume,
Blume zu Blüte. Im Flug
taucht sein Schnabel in alles
bunte Offene, in jeden Lichtmund,
und es gibt für ihn keine Sonne, keine,
die zu schwach wäre. Lass Falter gaukeln!
Schwarze Raupe steigt vom Dach
des Trafostanica-Häuschens
ins leuchtende Gras,
wartet auf nichts,
erwartet nichts,
geht und ergeht sich
mit einem Schwarm Luft
trinkender Fische als Beine. So
solltest du vielleicht auch gehen? Ja.
Komm und bleib eine Weile, bis du
unten am Hafen verschwindest,
wo die Lastwagenfähren
lautlos die Bucht zerteilen und
im Schatten die Kräutergärten schlafen.

Wyoming

Wenn wir über die Wäldergrenze hinausgingen,
in die freien Ebenen, an die Flüsse. Wenn wir die Städte
und das Land hinter uns ließen. Wenn wir nicht darauf achteten,
wer mit uns käme. Wenn da ein Licht wäre, und wäre es nur
ein vorgestelltes. Nur? Wenn die Geschichte einfach
endete. Wenn endlich Geschichten anfingen!
Eine Betriebsanleitung, ein Evangelium,
eine Dichtung, eine Scheidungsvereinbarung,
ein Verschweigen, ein Gesetzesentwurf, wenn alles das
eins wäre. Wenn wir Wyoming befreiten. Wenn die Unwirklichkeit
aufhörte in Wyoming. Wenn die Zuneigung zurückkehrte.
Wenn die Zuneigung zurückkehrte mit den Fischen.
Wenn alle die Fragen, wohin, wodurch, wessen,
warum und wann, die Antworten ersetzten.
Und wenn alles mit einem Mal bliebe.
Hier, dort. In Wyoming, über-
all. Ohne Ursache.

Für Wolfgang Denkel

JA IST DAS WEISSE WUNDER

Ajgi

Ajgi, ich weiß
dich und die
Schneewehen
überall dort in

Tschuwaschien,
Ajgi, ich weiß, du
bist gestorben, nur
was heißt das genau,

weiß ich dich doch da,
beim Schach im Park,
oder wie du schreibst
Samoskworetschje,

du weißt, entgegen-
gehend dir, halte ich
lebenslang Ausschau
nach allem, ja allem.

Der Neuanfang

Zweiter Januar, schon ist dein
Kalender mitten im Jahr, und du
staunst, wie wenig doch von diesem
Übergang zu spüren war. Nichts,
was abrupt abbricht, Schluss,
kaum dass es richtig begann,
nichts, das auf einmal los-
legt. Sitz ruhig nur da, nur
sieh dich um: Kein Wunder,
bloß der endlose Weg hierher,
den immer alles auf sich nimmt.
Den Pappeln, fliehenden Rehen,
dem Pfad um den See, Kindern,
die im Matsch alte Böller suchen
und da mit Glück Kröten finden –
allem ist er eingeschrieben, dir
auch: der Neuanfang. Wieso
sonst fürchtet sich nichts
vor dieser Zärtlichkeit
des Gegenwinds.

Schnee im Mirabell

Im Garten knackt das Eis. Nacht
   legt sich als Tuch aus Frost
um alles, was sie spiegelt. Und
   der Himmel wandert. Einer lacht

im Wind der weggebeizten Sterne,
   vielleicht weil oben, heller Blick,
so groß der Mond steht. Dunkelblau
   zieht es zwei Fahnen in die Ferne.

In jeden Lichthof stürzt der Schnee,
   als könnte er sich nur so retten.
Die Nacht. Die Glocken. Eine Frau
   am Ufer bettelt noch. Du geh,

sink zu ihr durch die stumme Zeit,
   die Felsen, die Musik der Toten,
die Eingemummten in den Bussen,
   den Schmerz in der Genügsamkeit.

Für Hans Weichselbaum

Ja, der Schnee

Ja, in schwarzer Nacht
hat es endlos geschneit!
Und am Morgen da kam
schön wie du ein Licht.

Ja, golden leuchteten
als Sterne alle nackten
Wipfel drüben zwischen
Flussufer und Fenster!

Ja, der Schnee überall!
Ist aus dem Himmel, ist
eine Zusammenzeit, ja
ist das weiße Wunder.

Venceremos

Auf dem Parkplatz drüben, in der Mitte
der frühen Stunde, lehnt sich eine Frau
mit Wintersonnenbrille an ihren Wagen.
Sie raucht hastig, sie scheint zu warten.

Nur kommt keiner. Und es wird nicht hell.
Leichter Schneefall, in dem sie ausharrt
und in kahle Wipfel blickt, zu den Krähen,
deren Uhr aus krächzender Stille besteht.

Der Moment verstreicht. Der Paketdienst
liefert Pakete. Musik. Aus einem Kleinbus
mit einem chilenischen Kampfruf am Heck
steigt ein Chor. Kein Wartender hat Pech.

Jeden erwartet viel Besseres als Träume.
Such keinen Ausgang, finde den Eingang!

Reise der drei Waisen

this was all folly
T. S. Eliot

Waisen nannten sich die Drei, die mich mitnahmen.
»Hereinspaziert bei den Waisen vom Gutenmorgenland!«
Sie führten sich auf wie gerade noch davongekommen.

Die Wege waren aufgeweicht, »*soft hands*, das Wetter«,
meinte das Mädchen, das der Alte bloß Bunny nannte.

Sein Kollege saß vorn, im Mantel eines Katalanen,
dessen Leichnam jetzt in einer Benzinlache liege,
irgendwo in einer Kranwagenhalle. Der Stoff stank,
besonders nachts, wenn sie die Heizung aufdrehten.

Sie waren Blender, und ihnen gehörte nichts außer
dem Zeug, das sie am Körper trugen, und dem, was
sie grölten und ihnen kurz ihre Langeweile vertrieb.

»An was sich erinnern?«, fragte der Alte mal. »Alles
ist ein Film. Rückwärts läuft nichts.« Nein, besser,
in einem verbeulten Mitsubishi auf Schleichwegen
und hinein in Ortschaften fahren, wo der Trübsinn
an einem fraß wie Ruß am schmelzenden Schnee.

Bunny kreischte was, das aber niemand verstand.
Sie sprang raus und steckte vor einer Videothek
den Papp-Bond in Brand. Von dem Grünstreifen
zwischen zwei Parkbuchten flogen Spatzen auf,
als sie da tanzte, während ich fassungslos zusah.

Der Alte stieß die Fahrertür auf, sprang raus und
trat den brennenden Agenten wortlos zusammen.

Ich fing an zu brüllen wie sie, aber dozierte dabei
noch immer von »Passage zurück in die Geburt«,
schon lachte mich der ganze Klub still. Wir fuhren
durch leergefegte Nester in die Berge hinauf, feucht,
duftend nach Grün, knapp unterhalb der Schneegrenze.

Auf der Suche nach einer Tanke mischten die Drei jaulend
die Käffer auf, die den Katzen gehörten. Wir beschlossen
– oberste Regel: »Sonnenbaden ist für Untote tabu!« –,
tagsüber zu schlafen, in der Nähe von Wasser, und,
süß singende Stimmen im Ohr, nur nachts zu fahren.

»Ihre Haut ist so blass wie Gottes einzige Taube, Liebe,
wie eine schreiende Blume, Liebe, die stirbt jede Stunde.«

Sie sangen. Doch was sie sangen, das ergab keinen Sinn.
Ihr Ziel war vielleicht Huldigung, möglich, aber kaum die
des himmlischen Kindes, eher der Leere jenseits der Ironie.
War der Tank voll – »wie der Mond« –, dann ging es weiter.

Kurz nach dem Festfressen der Kolben, kurz nachdem wir
den Hafen erreichten und im Schatten, den ein Frachter
durch das Nachmittagslicht auf die Mole warf, hielten,
fiel dem Alten am Steuer mit einem Mal das Haus ein.

Für das Mädchen und Mantelmann war die Reise aus,
als sie Betten witterten. Das Land, endlich in Reichweite.

Ein Klepper leckte den Schnee vom Zaun. Ich sah Vögel
auf kahlen Bäumen den Harsch von der Rinde hacken.

Als hätten wir die Wahl, schnitten wir uns Pappteller zu
und hörten wieder zu reden auf. Im Tausch mit den Bauern
gingen Schals weg, eine Posaune, und der Alte holte Lexika,
Tassen und Fotoalben aus dem Kofferraum, während Bunny
im Schneeanzug am Mittag am Campingtisch Pasta kochte.

69

Sie kam in mein Bett und sagte, sie mache alles, freiwillig,
wenn sie dafür meine Jacke bekomme. Ich gab sie ihr so,
und sie rannte runter, und ich hörte den Anlasser heulen.

Als ich wieder aufwachte, war es still. Das Licht stand
im Klappfenster. Im Garten des Nachbarhofs wuchsen
Blumen, die aussahen, als fotografierten sie das Gras.

Geborenwerden und Sterben sind manchmal dasselbe.
Ich wünschte mich nicht länger zurück. Ich lebte wieder.
Leben war mehr als Warten. Und so vergaß ich das Kind,
vergaß die drei Waisen und zuletzt das Gutenmorgenland.

WIMPERN UND ASCHE

Das schmale Wasserband
fließt hindurch unter Falschen
Akazien und Eschen, zumeist aber
älteren Birken, in denen Enten und stumm
davonstürzende Blässhühner leben. Es riecht
nach dem Morast und dem Modder der Wälder
in Stormarn und Holstein, wenn es hinunter
nach Hamburg geflossen kommt. Es ist
ein Fluss, das Wasserband, und trägt
den Namen Alster. Zu den zwei Seen
in der Mitte der Hafen- und Hansestadt
kam es erst, als ein Müller auf Geheiß des
vom Kreuzzug ins Heilige Land zurückgekehrten
Adolf III. das Flüsschen aufstaute mit dicken Dämmen,
die sogar den Elbestrom zum Erliegen gebracht
hätten. »Da wächst man wohl ein Nordmeer«,
hieß es in ganz Hamburg, denn all das
Holsteiner Wasser der Wöddelbek,
Rönne, Wischbek und Lankau,
von Sielbek und Tangstedter
Mühlenbach, floss und
floss nicht ab, blieb
nicht nur stehen, das
unbarmherzig nach- und
immer noch nachströmende
Element wurde binnen Wochen
heillos-unaufhaltsam größer und
breiter, bis erst aus Außen-, dann aus
Binnenalster (abgetrennt erst viel später)
zwei heute türkisgrüne und morgen türkisblaue,
fast immer aber von Westwinden aufgeraute
Seen wurden, von dichten Röhrichtgürteln
eingefasst und von den Leuten geliebt
schon länger als seit achthundert Jahren.

So schlängelt sie dahin, die dunkel funkelnde
Wassernatter, vorbei an Sträuchern, an Büschen

und Wegen, in das rotastige Uferdickicht. Und
ist vollkommen lautlos. Ein Geriesel, leise
rollendes Zischeln ist schwach zu hören,
wenn sie Holz im Maul trägt, am Grund
Steine, oben mitgeschwemmt Styropor
von einer Baustelle irgendwo oder ein
schütteres Brombeergestrüpp, das
ihr im Weg war und sie kurz mal
mit sich reißt, als würde da die
Winteralster sagen, dass ja keiner
sterben muss, der spielen kann. Schwarz
und einen halben Mann höher ist sie
während einer Überschwemmung.
An den Weihnachtsfeiertagen 2014
ergossen sich nach wochenlangem
Starkregen über der Feldmark und
den letzten Fetzen von Laubwald
zwischen Kaltenkirchen, Bad
Oldesloe und Duvenstedt die
ansonsten so idyllisch anmutenden
Alsternebenflüsse mit kaum je gekannter
Macht in den Fluss und verwandelten ihn binnen
Stunden in ein unabschätzbares Strömen, das
Sandsackbarrikaden notwendig machte zum
Schutz der Reihenhaussiedlungen und
zahllose Schaulustige auf die nicht länger
an Ort und Stelle befindlichen Alsterlaufufer
schwemmte ganz wie, Zyniker sagten: Treibholz.
Die Wucht von mehr als dreihundert übereinander-
gestellten Tanklastwagen hatte ein jeder der bedrohlich
stumm sich vorüberwälzenden schwarzen Wassermeter, so
errechnete es irgendein Mensch. Auen, Spielplätze,
Ufergehölze, die Wege und viele Straßen,
auch Brücken, Grundstücke, Anleger,
ein großer Schuppen am Fuß des
Bahndamms für weiß Gott was
für lang vergessenen Schrott

74

gingen unter und versanken
für Tage und für Wochen.
Kinder fragten, ob das
Wasser denn jetzt so
bliebe, so hoch, dunkel
und so, ja, böse. Ja, sagte ich
zu einem kleinen Mädchen
mit einer Augenklappe,
so wird es von nun
an wohl immer
bleiben.
Tja.
Ja,
die Welt
wird schwarz.
Und der Nachbar,
der mit seiner bei ihm
untergehakten Gattin und dem
unsichtbaren Hund auf eine Alster-
biegung blickte, wo sonst der Fluss um
die Kurve kam und sein goldbraunes Funkeln
ans Ufer schleuderte, er beäugte die albtraumhafte
Wasserunermesslichkeit und sagte tonlos, nie
in seinem Leben, seit er hier als Schüler
Boote habe segeln lassen, sei ihm
Derartiges an der Alster untergekommen,
nie habe es das schon mal gegeben, nicht mal im
Traum, wo alles möglich sei, sei das möglich gewesen.
Schnell, dass die hin und her flitzenden Pupillen
ihm gar nicht folgen konnten, rollte der Fluss
unter der Fuhlsbüttler Eisenbahnbrücke
hindurch südwärts auf die Hafen- und
Hansestadt zu. Drei Plastikkanister
sah ich und stellte mir ein Floß vor, das
sich damit bauen ließe. Hochwasser, sagte
der verdutzte Nachbar. Überschwemmungen.
Die habe es ja immer gegeben, ob sommers,

winters, im Herbst oder in Sonderheit im
Frühling, sobald eine Schneeschmelze
Stormarn heimsuche. Das hier aber,
diese schwarzen Wassermassen,
so einen Schmodderpark,
nie, wirklich, nein.

Vorbei am Rödingsmarkt
und an der Herrlichkeit fließt die
in steinerne Böschungen gezwängte
Alster und mündet zwischen Hamburger
Neustadt und dem Portugiesenviertel
in die Elbe. Sechs Stunden, und
Dampfer, Frachtschiffe und Tanker
erreichen auf dem tief und alle fünf Jahre
immer noch tiefer und tiefer ausgebaggerten
Strom die See. Die drei Kanister, ein Floß,
das nie gebaut werden wird, da ich kein
Tom Sawyer bin noch ein Huck Finn
und weil der mir liebste Fluss
nicht der Mississippi ist, sondern
ein Flüsschen, wo ich oft stehen bleibe,
um aufs Wasser zu blicken und nachzudenken
über den Sinn des Dichtens, die drei erbarmungs-
würdig leeren Plastikbehälter treiben wochen-
lang von der Eisenbahnbrücke weiter bis
ins Brackwasser der Elbe zwischen
St. Pauli, Finkenwerder und
Glückstadt. Ihr Plastik, gegossen,
geformt, ausgestanzt und verleimt etwa in
einer Fabrik in Hangzhou, ehe es mit Millionen
baugleicher, milchweißer Kanister an Bord eines
Containergiganten nach Hamburg verschifft wurde,
benötigt, ohne zerrieben zu werden, an die 850 Jahre,
bis es sich zersetzt und von der Erdoberfläche verschwindet,
so lange also, wie mitten in der Stadt Hamburg zwei
Alsterseen liegen. Obgleich für Plastik wohl

dasselbe gilt wie für die Seele. Ein
endgültiges Verschwinden,
nein, das gibt es nicht.

Arne Rautenberg aus Kiel
verwandelt mit einem Gedicht
in seinem Band *Seltene Erden*
die Plastikverseuchung der Meere
in Kunst, und zwar in seine, wofür er
einen Dank sagt (bei den Gezeiten, der
Wellenbewegung und dem UV-Licht, aber
auch bei Plankton und den großen Meeres-
wirbeln), dafür, ein Künstler zu sein, der alle
Kontinente umspielen dürfe. Es lebe die Kunst,
es lebe die einzig allbeglückende künstlerische
Freiheit! Das heißt auch, alles will Kunst sein,
so wie alles, was irgend lebt, frei ist. Plastik
war im Jahr 1800 für Friedrich von Hardenberg,
der sich Novalis nannte, der Neuland Rodende, ein rein
ästhetischer Begriff, als er schrieb, Musik, Plastik und Poesie
seien unzertrennliche Elemente, in jedem freien Kunst-
wesen zusammen und nur nach Beschaffenheit
in verschiedenen Verhältnissen vereinigt.
Novalis fasste diesen Gedanken im
Burgenländischen, in Weißenfels
an der Saale, die mit der Mulde, der Müglitz
und der Vereinigten Weißeritz ein Flussland bildet,
das er liebte und wo er sein ganzes Leben verbrachte.
Alle vier Flüsse münden in den Elbestrom, und so,
bei Barby, auch die Saale, in der Novalis
als Junge schwimmen ging, nackt
und oft bis tief in die Nacht.

Solange er lebte, hielt Hardenberg
nicht ein Mal irgendetwas aus Kunststoff
in Händen. Kein Wunder, es gab ja überhaupt
nichts aus Plastik, nicht den Haarreif eines winzig

kleinen Püppchens, nirgendwo auf der vom Rauschen
der nicht enden wollenden Wälder, der Stille, dem Schallen
der Glocken und dem Gestank der Kloaken geprägten
ganzen alten Welt. Joghurtbecher, Becherdeckel,
Stiele, Folien, Einkaufsbeutel, Tüten in allen
Farben, Größen und Formen, Spielzeug
in allen Formen, Größen und Farben,
Feuerzeuge, Diskettenhüllen, Stifte,
Automatten, Einmalrasierer, Radkappen,
Kämme, Klammern, Kugelschreiberhüllen und
Hüllen für Hüllen, Flaschen, Flaschenverschlüsse,
Auto-, Traktoren-, Lastwagen- und Mähdrescherreifen,
Näpfe, Teller, Bestecke, Brottüten und Kartenhüllen,
Kartenhüllenhüllen, Spiegelrahmenhüllen, Kanister,
Wegwerfstühle, Wegwerfschalen, Wegwerftische,
Stecker, Steckdosen, Wegwerfsteckdosenleisten,
Stäbchen, Kondome, Ampullenmehrfachpacks,
Brillen, endlose Strecken an Kabeln, Kabeln,
Kabeln, Kabeln, Kabeln, Kabeln, Kabeln in
Taschen, in Säcken und Beuteln, gefüllt in
Wegwerfhüllen, Wegwerfhüllenkästen,
nichts, gar nichts, nicht das kleinste Teil
davon gab es auf der noch unzerstörten,
unverhüllten, unverkabelten stillen Welt,
als das Unglück von anderer Natur war
und Novalis in der Saale schwamm und
nicht über Fettverbrennung, über Muskel-
aufbau oder über Bruststraffung nachdachte,
sondern vielleicht darüber, ob der Busen wohl
die in Geheimnisstand erhobene Brust sein könnte
und die Physik nichts als die Lehre von der Phantasie.

Zum Großteil verschwindet der von der Elbe in die Nordsee
gewälzte Plastikmüll dort in unerschlossenen Abgründen
des Meeres. In Sedimenten des seit Langem verheerten
Bodens finden sich in unbeschreiblicher Menge
winzigste Mikroplastikteile, eine Anzahl meist

faserförmiger Partikel, die, laut dem Fachblatt
Open Science der britischen Royal Society, um
ein Zehntausendfaches höher liegt als die jener
größeren Plastikbruchstücke, die in giftbelasteten
Kloakenwirbeln dahintreiben und sich zu wahrhaften
Müllkontinenten, größer als Frankreich, heißt es,
zusammengeschoben haben. Unbekannte,
vor Schmerz unentwegt brüllende Tiere
muss es dort geben, halb aus Kunst-
stoff, halb zersetzt von ätzenden
Chemikalien, gefräßig, fähig
zu überleben vielleicht
einen Sommer lang,
eine Saison in der Hölle.
Ich zähle alles, was da ist,
zusammen und komme auf
nichts. Ich zähle und zähle Asche,
zähle Wimpern, Blicke, Boote, Möwen,
ich komme auf nichts. Fliegt, Biester! Segelt
ihnen nach, Nussschalen. Ich blicke übers Meer,
streue Wimpern, streue Asche, zähle, ich
zähle, was nicht da ist, zusammen.
So wird er oder sie singen,
hintreibend über einen
Atlantik aus Plastik.
Wäre ein jeder Quadrat-
kilometer des Meeresbodens
ein See, so wären sie alle, diese Seen,
verstopft, ja ich möchte es einmal schreiben:
zugeschissen mit Billiarden Plastikfasern
bis hinauf in die Wipfel der Uferbäume.
Überall auf der Erde, ob am Nordpol,
im Schwarzen, Roten oder Toten Meer,
in der Karibik oder Antarktis, kein größeres
Gewässer, keine Küste und kein Strand ohne
Plastikrückstände, schreiben Forscher in London
um Lucy Woodall vom *Natural History Museum*,

79

vor dessen Lärmschutzfensterfronten fischleer,
begradigt und verpestet die Themse schwappt.
In den sieben Weltmeeren schwimmen nach
Berechnungen beinahe zweihundertsiebzig-
tausend Tonnen Plastikmüll, eine horrende
Zahl, die jedoch nachgerade absurd, weil
rätselhaft winzig ist, vergleicht man damit
die galaktische Menge an Kunststoffmüll,
die alle – wir – tatsächlich ins Meer verklappen,
nämlich geschätzte sechseinhalb Millionen Tonnen,
denn das wahre Gewicht des Pfropfes, mit dem wir die
Welt verstopfen, wer will es auch berechnen. Wo ist er,
der ganze Wohlstandsdreck, muss man sich fragen.
Ein kleiner Teil des Mülls treibt in Form sichtbarer
Partikel an der Wasseroberfläche. Größeres bricht
im Gang der Wellen entzwei und wird zerrieben,
zerschreddert, auch durch UV-Licht, zu Winzig-
teilchen, mit bloßem Auge kaum auszumachen.
Lagern sich Algen oder andere Kleinlebewesen
auf Trümmern ab, so gehen sie unter, ja sinken
nicht anders als Schiffe, Flugzeuge oder ein
Toter in die Dunkelheit hinab in die Tiefe.

Lucy Woodalls Team analysierte zwölf
Sedimententnahmen vom Meeresgrund, die
auf Forschungsfahrten im Mittelmeer,
im südwestlichen Indischen Ozean, aber
auch Nordostatlantik zwölf Jahre lang
bis 2012 genommen wurden. Zudem
untersuchte man vier Korallenproben
unterm Mikroskop und im Infrarot-
Spektrometer. In sämtlichen Sediment-
proben fanden sich Mikroplastikpartikel,
meist faserförmig und gewöhnlich zwei
bis drei Millimeter lang, oft aber unter
bloß einem Zehntelmillimeter breit.
Die Proben enthielten im Durch-

schnitt dreizehneinhalb Teilchen
in je fünfzig Millilitern Flüssigkeit.
Flüssige Asche, winzige Wimpern.
Mehr als die Hälfte der Partikel war
aus Viskose, was kein Plastik, sondern
eine Kunstfaser auf Zellulosebasis ist, die
in Zigarettenfiltern und zunehmend Kleidung
Verwendung findet. Fische, Rochen, Haie, Wale
und Schildkröten haben keine Verwendung dafür,
für sie ist Viskose Gift, an dem sie zugrunde gehen
wie jeder, der nichts als Plastikfraß mehr für sich findet.
Das zweithäufigste in allen Meereslebewesen überall
auf dem Erdball gefundene Material war Polyester,
ja, man kann wohl von Polyesterfischen sprechen,
Polyesterwasserschlangen, Polyesteroktopussen.
Und vielleicht spricht man, werden die Teilchen
erst kleiner und kleiner und kleiner zerrieben,
bis sie mit Meerwasserdampf kondensieren
und aufsteigen in die Luft, künftig von Gewölk
aus Polyester oder Viskose, den Kunststoffwolken.
Der geringen Probenanzahl wegen seien Vergleiche
von Häufigkeit und Zusammensetzung der Sedimente
unmöglich. Faserförmige Winzigstpartikel aber kommen
anscheinend überall in Tiefseeregionen vor, in Sedimenten
wohl gut zehntausendmal häufiger als in kontaminierten
Meereswirbeln. Laut Hochrechnungen enthält allein
ein Quadratkilometer Sediment der Tiefseegebirge
im Indischen Ozean rund vier Billiarden Plastik-
fasern. Und Untersuchungen der Tiefseetäler,
der Senke für den Plastikmüll der ganzen Erde,
gibt es noch nicht. Dort herrscht die finsterste Nacht.
Lichtlos ist es und sternenleer. Nichts funkelt. Doch
atmet selbst da die Riesenwelt rastloser Gestirne,
die im blauen Ozean des Himmels schwimmen.

DIE RUE RAYNOUARD UM SECHS

Stare im Mohn

Der Busch voll schwarzer Blüten
    mitten im Mohn, als du morgens
vors Haus gehst, in die Grasdünen.
    Der wie das All so dunkle Strauch
sprüht auf, ist aus Staren. Der Rest
    der Nacht rauscht in die Bläue davon,
      und vorüberfliegen kann der neue Tag.

Einhelligkeit mit Dohlen

Fast konnten wir es sehen, das Licht,
Flackern, wie es den Blitzen vorausgeht,
fast war es ein leuchtendes Stocken, oben
am Himmel, über den es da so zuckte,
mit seinem magnetischen Laub
fast ein elektrisches Geäst.
Als die Stille und die Ruhe dann
fast wiedergekehrt waren, haben wir sie
gehört, nahezu alle, die Vögel, die Dohlen,
fast habe ich geglaubt, es werden Krähen sein,
nur wenn, dann wie zersprengte, denn
fast wirkten sie einzelgängerisch,
weil sie in Pulks, so als wäre
oben in kühler Luft ihr Schwarm
fast zerrieben worden, herabtrudelten
ins Tal und zum Krug *Zum grünen Baum*,
fast als hofften sie bei uns Zuflucht zu finden,
ja als meinten sie uns! Wir blickten einander
wie Liebende in die Augen. Ergreifend war,
fast zu schön, die Innigkeit so mit Dohlen,
es bestand eine Einhelligkeit mit ihnen,
fast auch mit ihrem schwarzen Blitzen,
das zerplatzt war jenseits der Blicke,
fast nämlich war es Reden mit uns,
das Licht, die Stille, die lange Zeit.
Fast war sie zu Ende, und es war
gut, ein nach Kräften geglückter,
fast sogar ein überglücklicher Tag.

In the Mood

Wir fuhren raus nach Montemurlo
zu viert in Angelos blauem Golf,
ein Abend unter den Amseln.
Etwas war mit den Bäumen (
sie waren *alberi*, keine Bäume,
merli saßen darin und sangen),
das schwang sich auf in die Luft
und weiter in den Körper, es war
da und doch etwas Ungeahntes.
Ich hatte eine Kassette gefunden,
nachts in einem Rinnstein in Prato (
Nat King Cole e Glenn Miller, Orosk 041,
und *S. I. A. E.* war womöglich eine Marke),
zusammengeschnittene Lieder, zusammen
auf der Kassette wie wir vier in Angelos Golf.
Unterwegs zu dem Örtchen (wo es totenstill war
) ließen wir sie durch den Rekorder schnarren,
Bäume im Wind, Konfigurationen der Nacht.
O *radiodiffusione. Who, who may know.*

Die Nandus in Törpt

Sie wissen, alles Ferne hat Augen.
Stumm folgen ihnen große Wagen, und
da sind immer Hunde in den Schatten, die
hinter den roten Hecken flach im Gras liegen
und nach Sterben riechen. Sie kennen Tränen.
Sie sind Muldenvögel, lieben Laubkrater,
sind schlehenbeerenversessen. Einer
auf einem Bein ist sofort ein Baum.

Nachts weite Pampa. Träume, blau.
Keiner wird je vergessen, was war, nur
die dreizehn Alten, die an dem Tag
durch den Zaun brachen, runter
zum Ufer rannten und rüber
über die Wakenitz kamen,
sehen das Leuchten nicht mehr,
das ihnen da hell vor Augen stand.

Die Nandus sammeln im Maiswald
Beiträge zur Geschichte der Freude,
ein unerklärlich langsames Schreiten.
Goldene Sterne funkeln den Jüngeren
in den Augen, die im Dunkeln in Törpt
an die Maurine spurten zum Saufen
und erschöpft zitternd ausruhen
unter zwei verrosteten Tankwagen.

Sie rupfen sich Gras, das Nachtgras
im Knickschatten, und sie wärmen
einander, beinahe hundert, auch
wenn keiner von ihnen noch Bilder
für den Nanduweg weiß, namenloses

freies Hinfliegen knapp über dem Laub,
hinter der Stirn nur die Wärme der Liebe
zum Rennen durchs dunkelgrüne Licht.

Für Tom Schulz

Gruß an dein Herz

Um sechs, nach dem Regen, hallte die rue Raynouard von
Vogelgeschrei und Kinderrufen wider wie ein Pensionatsgarten.
Colette

Das Herz schlägt, und Nacht umgibt es,
mein Herz schlägt durch die Nacht.
Hast du das Licht heute gesehen,
die Pappeln, wie sie blinkten?
Ich kam an einem Freibad vorbei,
das abgerissen werden soll, und sah
ein blaues Glitzern in dem leeren Becken.

So bist du für mich, so dein Herz, obwohl
nicht hier, immerfort nah, immer da.
Für die Straßenvögel schien das
nichts Neues zu sein. Hör zu,
hör hin, sangen sie, wovon singen,
wenn nicht von Zuneigung, ist das denn
so schwer zu verstehen, Mensch? Ich weiß,

die geflügelten Federbiester, die du meidest,
weil sie dir, seit du klein warst, Angst einjagen,
können davon singen. Aber auch Bäume,
der Fluss und sogar die Leute, die
vorbeieilten, alles sagte: Hör unsr Herz.
Es schlägt, es lebt, ist wie deins in der Nacht,
und sogar die Nacht grüßt heute Nacht dein Herz.

Fasane bei Gryphius

Auf den Hecken wildes Schimmern,
Raureif. Die Sternen, nicht die Sterne,
gehen wandern, sie leuchten auf fernen
Bahnen, den Himmelszeilen. Den Fasanen,
Greif hörte ihnen zu. Aber bei Gryphius
verstecken sie sich, tief in den Bildern.

Changning

1

Wenn die Vögel zu reden beginnen, sprechen sie Mandarin.

Sie werden sich beklagen, dass sie uns gleichgültig sind,
wir ihre Küken in Karamell tauchen und essen am Stiel.

Achtet auf ihr Schweigen! Klingt es nicht vorwurfsvoll?
Zehntausend Dynastien alt, das Sperlingsgedächtnis.

2

Der Lärm in den Platanen scheint eine Aufgabe zu haben.

Durch das Knarren der Zikaden fällt als künstliche Nacht
die Stille auf den Zhongshan Park, und wir unter Bäumen,
stumme, hektische Falter, müssen lesen im Schattenbuch,

in Gesichtern der für alle Besinnung Verlorengegangenen.

3

Tanzen wir! Wie schwarze Falter, für die Zeit Musik ist,
taumeln wir übers Pflaster, brechen durch die Masken,
fliegen als schlafende Kiesel durch verlassene Pavillons.

Wir werfen unsere Kinder, werfen sie hoch in die Luft!
Türme aus Erinnerungen bauen sie, wenn sie fallen,

doch wir fangen nur den Sockel, den schwarzen Stiel.

OZELOT

Das trabende Gras

Es stimmt, auch ich
war mal im glücklichen Garten.
Nur bin ich mir nicht sicher, wo das war
und ob meine Großeltern mir so ersparten,
Schrecken zu sehen,
vielleicht für ein Jahr.

Es war der Sommer,
als ich oben in den Bäumen las.
Ich kletterte in die Wipfel, fühlte mich frei,
und wenn es leuchtete, im trabenden Gras,
mein Lieblingsgesicht,
war mir alles einerlei.

Für Nadja Küchenmeister

Handtaschen

In den Handtaschen deiner Mutter gibt es
ein Gerät, das hat jeden Ton aufgezeichnet,
alles endlose Staubsaugen im Kinderzimmer.
Fotos von dem Chaos nach einem Zugunglück
liegen verborgen hinter den Reißverschlüssen.
Mach jede Tasche auf, immer regnet es darin.
Aber keine Unwetter drohen da im Dunkel,
nur Tränenschauer. Jede Handtasche weint.

In der Handtasche von Oma Käte war nichts
außer ihrem Schlüsselbund, einem Päckchen
Papiertaschentücher und dem Faltregenschirm.
Ihre Handtasche war ein Beutel, dünn, eine Haut,
mit vier Faltenfingern kleinzuknüllen auf die Größe
einer Rosine, eines Reiskorns. Eine Handtasche,
sagte sie, wozu das, hm, Krimskrams, Plunder?
Ständig gab sie Opa Sachen: »Da, steck ein.«

Eine Landkarte des wiedervereinigten Korea,
Pokémon-Figuren und Plastikkaninchen, leere
Karamellpuddingbecher und kaputte Ladekabel
liegen in den Handtaschen deiner Töchter neben
irgendeiner Tasche ihrer Oma und der Beutelhaut
von Uroma Käte. Manchmal kriecht eine Tochter
tief in eine Tasche der anderen und schläft dort.
Jede ihrer Handtaschen ging bislang verloren.

In der Handtasche deiner Frau lebt eine Unke,
apfelgrün ist sie und schön. Umher schwirrt dort
ein Mückengeschwader, das Futter für den Lurch.
Sämtliche Handtaschen aller deiner Freundinnen
sind in der Tasche deiner Frau. Deine Geliebte
hat deshalb keine Handtasche, dein Liebling
entwirft Handtaschen. In der deinen wächst
Gras, und still ist es darin, wie im Universum.

Jede Nacht die Sterne

Jede Nacht in der Mitte
des Dunkels wachte ich auf,
dann ging ich zum Fenster, und
immer war ich da auch unter-
wegs auf der Straße, als
Hund vielleicht,
               oder
schwankte als verwelkende
Stockrose an einem Zaun durch
die Finsternis. Ich lag im Bett, ich
träumte, aber war zugleich
unterwegs unter den
Kastanien.
          Lange stand
ich im Zimmer am Fenster,
war ruhelos und lief so müde
wie unermüdlich, in meiner Stadt
oder einer anderen, zugleich
durch das schlaflose
Herabbranden,
              das Herein-
strömen und -fluten des Lichts
der Sterne, das Sternenlicht.
Jede Nacht die Sterne!

Oboe

Schließ den Mund über der Oboe,
die weißen Töne strahlen
die Luftröhre hinunter
auf dein nacktes Herz.
Frühmorgens am Tisch,
die Milchjahre, eingetauscht
gegen die Angst der Hand vorm leeren
Papier, einen im Rücken, nah, dass er alle
Silben zwischen den Zeilen errät. Wort-
mulm, Eroberungen des Maulwurfs.
Wo Land finden, wie drei Schritt
weit Einfällen folgen, wenn zurück-
mündet in die Schuhspitzen der Meridian.
Schließ sie über der Oboe, deine Lippen.
Milch fließt durch die Röhre, und wir
bilden einen Gesangskreis. Ich
tausche die Bissstellen
im Tisch ein gegen
eine geheime Musik, und du
komm, du komm einmal um die Welt.

Einmal, nie,
zweimal, nie,

so pocht es
und rauscht.

Ein Schlag,
Pause, zwei,

und es lauscht.
Seltsame Ferien

eines Herzens.
Einmal, zweimal.

Blicke, der Wind,
die Luft der Lider.

Ich sehe, bin blind,
sehe dich wieder.

Ozelot

Du weiß und schwarz braungrau gefleckt Gestreifte,
   getigert wie der Regen kommst du aus dem Bad
geschritten, meine Sachte, pumalang Geschweifte.
   Auch wenn du lieber schnurrst, sag mir doch grad:
Wie ist es eigentlich, bewaffnet Flurluchs hier zu sein?
   Du Wundersame, unergründlich ruhst du in dir, Gott.
     Hast du mich lieb? Bin ich dir wer? Und wer du dir?
   Hm, sag, was fehlt dir, wenn du siehst, du bist allein?
Zieht es dich durch das Fensterglas, mein süßer Ozelot?
   Komm her. Wie soll es sich denn ohne dich hier lohnen.
Sag mir in deiner Sprache, wie ich wäre, so als Pardeltier.
   Ich will so lange schon wie du in meinen Augen wohnen.

Für Ida Schöffling

Steg

Die Stühle sind angekommen!
  In Reihen stehen sie im Licht
des Saals, als könnten sie sich
  unauffällig geben, ja davon-
laufen, sobald jemand vergisst,
  die Tür zu schließen. Genauso
wartet das Licht. Es sinkt auf die
  Stühle. Wer später darauf sitzt,
weiß das dunkle Holz ebenso gut
  (ebenso wenig) wie irgendeiner
sonst. Das ist jedoch zum Glück
  auch überhaupt nicht die Frage,
du Stuhlforscher! Ahnen die Stühle,
  wer auf ihnen Platz nehmen wird?
Ahnt es irgendjemand? Wer denn? Wo
  ist der Weg, der Steg aus Licht quer
durch den Saal der ganzen Ignoranz?

Für Viola Rusche

ÜBER FÜNFZIG SOMMERANFÄNGE

Möglichkeiten

Das Erblühen von Jasmin,

damit nichts sich je verliert
in diesem neuerlichen Juni.

Öffne das Fenster und dich
   finden lauter Möglichkeiten.
    Übers dunkle Parkhausdach
     jagt Wind in Pfützen Benzin,
      der Fluss den Quell bei Ovid,
       ein Lichtschweif den Komet,
        fünf Eichelhäher eine Katze,
Wolkenspiegelungen Blicke.

Wo schon der alte Juli steht,
fegen sie am Fenster vorbei,

die Möglichkeiten zu Jasmin.

Die Sommer in Rouen

Schiffe vor Anker auf der Seine
bei Rouen, und im Gras am Flussufer
Monet, der die Frachtsegler malt,
außerdem drei weitere Bilder,
links Flieder im Sonnenlicht, rechts
Flieder bei trübem Wetter, und wendet er sich
nur ein paar Schritte in Richtung Giverny,
dann warten da, auf der Böschung,
vielleicht seit zwei Sommern,
in hellstem Gegenlicht,
seine Frau, Camille, da ist
Camille mit grünem Schirm, ja,
und der Junge, Jean, das Gesicht,
den Kopf in vorüberflutenden
Wolken.
      Wolken, Wolken.

Mistral

Durch das Dorf fallen die Straßen. Alles schneit.
Gesträuch. Margeriten vom Friedhof. Die Katzen
der Himmelunterseite. Und die *vergers*. Die Obst-
baumwiesen. Vorüber stürzt Wind. Die kalte Zeit.
Treibt Blätter vor sich her. Einen Turm aus Laub.
Aus hellem Geschrei. Dohlen kommen geschneit.
Durch das Dorf fallen alle Straßen. Aber zu zweit
haben wir die Wahl. Wir nehmen die Sterne. Zeit,
sie neu zu entzünden. Nichts soll sich je ändern.
Alles bleibt am besten. Bleib so, Fremdartigkeit!
Baumgarten mit Augen. Hier ist, was jeder sucht.
Wir tauchen in Windgesträuch. Und die *vergers*.
Durch das Dorf fallen Straßen. Die helllichte Zeit.

Für Robert Cotton

Wieder in den Wicken erwacht,
am Morgen, auf der blauen
Bank im Gras. Schlaf,
je länger, je lieber.
Immer noch war
der Bienenmonat,
in dem ich zur Welt kam,
am längsten der mir liebste.
Über fünfzig Sommeranfänge,
und zu erinnern nicht einer.
Juniwärme, Junoaugen-
blicke. Ich, allein,
und überall du.
Du, der Duft. Durch
den die Erinnerung dauert.

Sommerhaus

Die grüne Spinne,
seilt sich vom Baum,
scheint zu glühen,
Stachelbeere,
die schwebt.
Aus dem Grün
werden geschickt
Fäden ins leere
Sommerhaus
und verwebt.
Grüne Spinne,
baut den Raum,
der sie ist, aus
ins Ungefähre,
wo alles lebt.

Innigkeit

Wie das Licht
durch Birken fällt
und zitternd blinkt,
ist jeder für dich,

im Flüstern Stille,
Geraune nebenan,
die Vogelstimme.
So hörst du sie,

Sommerpracht, so
muss Brennen sein.
Ein Feuer geht dir
über die Hände.

Was wärst du, das
in den freien Lüften
nicht innig zu feiern.
Sinnlos ein Gruß.

Es ist ja alles da,
abendlanger Duft,
Flieder bleibt dir
wieder unverloren.

Julita

Hinter den Johannisbeeren
    bauten alle Jungs ein Haus,
hinein in einen Birnenbaum
    das blaue Bretterhaus.
Julita kam durchs Gras
    im unsichtbaren Kleid,
aus Licht und birnengrün
    weggeträumtes Kleid.
Julita, jubelten wir alle!
    Hier gibt's Topinambur!
O wie unsichtbar, Julita!
    Iss unsere Topinambur!
Julita geisterte vorüber,
    und die Abendkühle kam.
Alle riefen, bloß ich sang,
    weil die Nacht schon kam.
Dunkel geh ich in die Beeren,
    älter, immer, selten, jung.
Und ich hör uns jeden Tag.
    Alles bleibt für immer jung.

Für Dominik Ritter

ENTZWEIGEGANGENES BOOT

Lenzburg

So, I feel lost, and doubly lost because I'm not sure where I am.
John Cheever

Durch die geordnete Stadt, den Aa-
bach entlang, lief ich über die Felder
hinaus auf Hügel, durch Wald. Oben
stand das Schloss tief im Gras, und
immer lag hinter mir grau die Wand
der Strafanstalt. Wirklich vor Ort ist
einzig, wer sich nicht zurechtfindet.

Ich lebte im Gärtnerhaus, am Rand
eines Staudengartens, februarkahl.
Jeden Tag kam über die Efeumauer
eine junge Katze zu mir, und immer
gutes Futter, Zärtlichkeit und Namen
gab ich ihr. Wer sucht kein Gespräch.
Seltsam, dass wir uns alle fremd sind.

Am Aabach versperrte mir eine Maus
den Weg. Und in dem nackten Wipfel
der Traubeneiche nebenan diskutierte
ein Häherclan etwas aus. Der Gärtner
beschrieb mir die Stauden. Vor siebzig
Jahren war er ein Kind. Dein Kummer
hält zu dir. Ohne ihn wärst du verloren.

Zwischen den Zeilen

Am Morgen war die Schneelandschaft
   zurück, nicht irgendeine, sondern die
am Ende des Romans. Und damit auch
   das ganze Buch mit seinen Menschen.
Ein vollends weißer, neuerlicher Winter.
   Und immer noch Krieg, unwirklich,
zwischen den Zeilen Zweifel, das Glück
   und das Zartgefühl von Gespenstern.

Du
dort
draußen,
außerhalb,
ausgegrenzt,
halb verfallener
Kurort im Winter,
du Luftaufnahme
von Wäldern, wo
niemand je ging,
du
nie angesehene
Reportage von
der Vorstands-
tagung einer
Steinmetz-
innung,
keiner
sonst,
bloß
du.

Tubus
Nach Erich Fried

Es ist unter-
drückt, sagt
die Verein-
zelung. Es
ist, was es
zerfrisst,
sagt der
Tubus. Es
ist zu verun-
sichern, sagt
die Brechung.
Es ist vernich-
tet, sagt die
Annexion.
Es ist ver-
flucht, sagt
die Ausgren-
zung. Es ist,
was es zer-
frisst, sagt
der Tubus.
Es ist zer-
legt, sagt
das Zittern.
Es ist eine Leiche, sagt das Gedicht. Es ist unmenschlich,
sagt das Schweigen. Es ist, was es zerfrisst, sagt der Tubus.

Furchtbares Glück

Du bist außer dir,
schleichst daneben her,
sitzt in der Runde am Rand,
verdoppelt zur Zweideutigkeit,
die das Gespräch aufhebt
und wieder fallenlässt.
Mit keinem einzigen
Wort weißt du hier
was anzufangen.
Hohn beendet alles,
was nie begonnen hat.
Wie man das jetzt hält!
Und was man so weiß?
Aber was glaubst du!
Besser nicht streiten?
Streiten sei Zeichen!
Vergangener Zeiten?
Fuck! Blödsinn, Idiot!
Nein, es ist Sprechen,
im Maul deiner Sprache
die Lust auf Lebendigkeit,
furchtbares Glück, rasend zu sein.
Besser kreischen! Wieso nicht brüllen?
Sprachlosigkeit ist wirklich das Allerletzte,
haarscharf vor allem so zugewandt
aufgeklärten Gesterbe.

Für Hans Koch

Pferd

Durch den Abend getrabt
als mein eigenes Pferd.
Lief am Fluss entlang,
ging auf die Suche
nach dir und fand dich
nirgends als in Gedanken.
Und zwischen den Bäumen, da
standen überall Kinder,
die riefen: »Pferd!
Pferd! Wir sind
die Schatten
der Wildgänse!«

Mittagsschlaf

Zeit war es, dass es Zeit war?
Nie war's Zeit gewesen, nie
würde es Zeit werden. Es war
die Zeit der Spinne, der Schlange.
Sie waren Mauereidechsensekunden,
diese Minuten des Hundertfüßlers, und
endlich wurden sie Heuschreckenstunde,
Zikadentag und Skorpionwoche. Nach
einem Jahr der Agave lehnten wir
eingeschlafen tief in der Macchia
an einem entzweigegangenen Boot.

AUSGEWÄHLTE ABSCHIEDE

Aus den nördlichen Regengebieten

Dürer auf Durchreise stieg in Bamberg immer in seinem Lieblingskrug
Zum Wilden Mann ab, dann eilte er sofort, rannte mit wehenden Locken,
in denen der Wind knisterte, hinaus an die Regnitz, seinen Herzfluss, um
am Ufer zu zeichnen.
           Zeichnen die Pferde, die über die Felder zockelten
zwischen Nürnbergs Waldungen, am Himmel die Schwärme der Stare,
der Schwalben. Der Krähen und der Tauben.
           Zeichnen im Wasser den
grünen Fisch, der dastand, still, zwischen den lang behaarten Steinen
am Grund der Schilfbänke.
           Die Köche zeichnen, jungen Mägde, die
Alten wie Gespenster in Kleinvenedigs Augärten. Kleine schwarze
Rose, gestochen auf den Handteller mit Tinte, sein Bamberger
Blümla.
           Zeichnen Julie, und zeichnen Juliens Busch. Den Hasen.
Den Hohlweg. »Tout s'etait passé d'une manière révoltante«, sagte
auf der Unteren Brücke ein lauter Franzos, und Dürer war ja heftiger
Widerspruch peinlich.
           Die Zeichen im Zeichenbuch wuchsen. Wolken-
vielfältig Bambergs Abende. Am nächsten Mittag der kalte Regen
von Franken, die Weinberge, Würzburg. Wozu immer so
weiter, weiter in die nördlichen Regengebiete.
Das Licht war ein Puls, war langsam,
beständig langsamer, beinahe
glaubte man, es hört auf.

Der Klippengarten

Der junge Arzt sagt deiner Tochter, die erschrickt:
»Der Tod seiner Frau, laut Akte ist das
kein halbes Jahr her. Ein Glück,
er erinnert sich an nichts,
weiß davon nichts.«
Aber wer weiß schon,
was du spürst, was du
verstehst und welche Bilder
dir als wilde Möwen segeln um
die Augen? Ah, Augensommer,
die Kirschbäume, die Wolken,
so weiß wie Krankenschwestern
im Klippengarten bei La grève blanche.
Naturalement, jeder muss sterben, solang
niemand den Tod in Frage stellt. Jede Liebe
ist Anker, und dein Körper, Claude,
oben an der Wasseroberfläche
der schwarze Rumpf,
treibt dort und dreht sich,
als wäre Wind aufgekommen.
Aber sieh nur dieses Erschrecken.
Die Frau, die da weiterlebt, weißt du,
das ist nicht deine, sie ist zur Hälfte
aber aus dir, deine Tochter ist sie,
und sobald du davontreibst,
hält sie alle davon ab,
dich aufzuhalten.

Für Claude Affholder

Mail aus Scheusal

»Im Niemandsland zwischen Prag und Żmigród
brach die Lokomotive zusammen«, schreibst du,
»und wie bei der Teufelsaustreibung der Dämon,
so verreckte auch die herbeigekarrte Ersatzlok.«
Es war am Tag des Hitzerekords, und das Nest,
wo ihr festsaßt, hieß Scheusal. »Am Bahndamm
Eisenbahnergärten, in der Mittagsglut kescherten
Kids verlangsamte Falter dort. Mit großen Augen
lachten sie uns aus, wie wir hinter den Fenstern
japsten, bis piepend die Tür endlich aufwitschte.«
Du schreibst, aus Angst, wieder hineinzumüssen,
bliebst du für drei Stunden an den Gleisen sitzen.
An einen Baum gelehnt, trankst du Tyskie-Biere,
warm wie ein Geysir, und sahst Schweißern zu,
»braungebrannte, rußverschmierte Schränke, die
in Flammen badeten, sich mit Feuer bespritzten«.
Ein deutsches, lange totes Wort fiel dir ein, *Glast*,
als Leute aus dem Zug die Böschung runterkamen.
Sie keuchten, so wie das verbrannte Gras keuchte,
und da wusstest du: »Gespenster-Trag*last* sind wir!«
In Scheusal gab es keinerlei Schatten. Du schreibst,
»sogar im Keller der Schule, wo ich ein Klosett fand
und Wasser abfüllte, war es stickig. Flirrende Luft …
das Gelächter der Wasserspeier auf dem Hradschin
ging mir nicht aus dem Sinn.« Laufen, wie Wasser
laufen, dachtest du. »Ich muss laufen«, schreibst du,
und so endet deine Mail aus Scheusal: »Ich geh los.«
Bei Jary in einem Hohlweg; auf einem Erdbeerfeld,
wo Selbstpflücker standen; und in der Dämmerung,
mit Hund, behörntem Helm, so sah man dich noch.

Für Katarzyna Fetlińska

Elizabeth Street

Es ist schwer, wenn die Abschiede beginnen,
denn alles sagt es, Verschwindenmüssen,
Wiederkehr möglich, doch nie mehr so.
Darum dräng ihn zurück, den nächtlichen
Himmel, in den du hineinfliegen wirst. Geh,
zwischen herbstlichen Wohntürmen, und
in Gedanken nimm die Tram zur Bucht.
Red dir ruhig ein, dass es gut war, besser,
du sagst dir, es ist gut. Behalt keinen Kiesel.
Du vergisst bloß, wo er mal lag, auf dem Dach
eines dunklen Hotels, die Nacht, wie sie roch,
und im Regen die Ufer der Elizabeth Street.
Es wird Zeit. *Bye bye pride!* Es ist gut.
Nimm sie mit – jetzt ist es so weit –,
das große Licht, die Freundlichkeit.

Mit dem März

Mit dem März kam der Regen,
der Winter schmolz weg. Ein Taxi,
das stoppte, hielt an in Wasserlachen,
die U-Bahn war Lichterschlange und
kroch durch die Fäden. Mit dem März
hörte ich auf, Angst um alles zu haben.

Welchen Wein du auch trinkst – falls –,
der Winter geht vorbei. Und das Taxi
fährt los, durch die goldenen Pfützen.
Die Bahn ist längst Hudtwalckerstraße.
Bäume, Leute im Regen. Mit dem März
glaubst du nicht mehr, Panik sei gastlich.

Sander Tannen

Zwischen den Plattenbauten von Nettelnburg
umhergaloppieren, und weiter durch den Frost
des frühen Morgens den S-Bahndamm entlang.
Die klirrende Luft. Ich könnte nachsehen, wann
ein Bus zur Schule abfährt, aber zockele lieber
vorbei am Billwerder Billdeich. Dort steht blass,
rot im Dunst, der Giebel eines Vierländer Hofs,
wo vor vierzig Jahren ein Schulfreund wohnte.
Wo bist du, Hakan Akalin! Kahle Äste. Elstern.
Grauer Laubschlamm in Grünanlagen. Sander
Tannen – so hieß die Schule meiner Freundin
in der Zeit, als ich mir tags den Kopf zerbrach
über Schreiben, Musik, mich. *Tender sun.* Adri.
Am Telefon eine mir unbekannte Welt, hoffe ich
dich zu finden, heißt es bei Sun Kil Moon. Früh,
Abend für Abend, kachelte ich mit der Guilietta
zu Alten in Boberg und Lohbrügge. Eine Blinde
sah immer noch vor sich, wie hell es 1921 war,
und in einer Mansarde lebte eine, die hatte ich
lieb, die konnte nur liegen und rief mich: »Pony!«
Ich rede an der Schule, die längst anders heißt,
mit Schülern, jünger als mein Sohn, über Trakl,
Trakls Schwester, Tabus. Und ich trabe zurück,
durchs Laub, zum Bahnhof. Die Elstern lachen.
Und der Nachmittag, so war er immer, ist grau.

Für Mark Kozelek

Shanghai Express

Dottergelber Hügel aus Metall,
mit weißem Mast auf der Spitze
und einem verschneiten Städtchen,
so schiebt sich ein Autotransporter
erneut flussabwärts in Richtung
Nordsee. Es ist ein blauer Tag.
Ein weites Licht. Und der würzige
Duft von verlöschendem Sommer.
Du hast Vorahnungen. Auf dich zu
stürzt das Alter, und herfliegen Bilder
des ganzen Lebens, die bleiben wollen.
Die *Shanghai Express*, die viel zu eilig
hinausfuhr vor ein paar Wochen und
verblüffte Väter und kleine Kinder
auf schwarze Molensteine warf:
verletzt von zu hoher Bugwelle.
Es ist warm. Es wäre noch Zeit,
in der Elbe schwimmen zu gehen.
So ein lichter, heller Spätnachmittag.
Das gelbe Schiff kommt, das Wasser
ist eiskalt, ist tief, und du bist allein.

FLÜGE DURCHS VERSÄUMTE

Bilanz nach einundfünfzig Sommern
Nach Tomas Venclova

Der Frachter, der einläuft und kurz
den Horizont zum Schaukeln bringt,
spült Müll hoch aus Heraklits Strom,
toten Plunder ans Ufer: eine Matratze,
auf der zwei schliefen und am Morgen
sich liebten, um weiterzuschlafen, oder
Knochen einer Möwe, so leicht, dass
der Wind sie wegtrug. *Putain*, sagt
der Wind, *putain de merde!* So
wird uns zwar alles genommen,
aber sehen wir alles wieder, da
nichts je wirklich verlorengeht, ja
überhaupt je verlorengehen könnte.
(Wer sagt das? Das ist nicht der Wind.)
Und fliehen wir in die Schattenkabinette,
in die Pulsflaute, zur allerletzten Adresse,
die sie nicht mehr ändern, nur löschen, es
bleibt ein Versuch, dieses Löschen, das
Totschweigen und Tilgen, denn alles
bleibt, auch das Ausradieren, aber
genauso bleibt stets das Bleiben.

Aus den Notizen zu einem Selbstbildnis

Haare aufsammeln, rotbraunes Schimmern,
aus Ordnungswut, meiner verängstigten Liebe,
damit ich alles, was von ihr stirbt, bewahre
vorm Hygienewahn der Hinfälligkeit.

Romantische Bekümmerung, klar.
Bahndammschotter, Wacholderdrosseln,
das unbändige Gras. Wenn schon Begehren,
dann Aufbegehren, und Zweifel ganz und gar.

Zu Tränen gerührt vom Rauschen der Eschen
und ins Knie brechen in Eisenbahnergärten,
ich mit meinen Besserwisserallüren und
innigen Wünschen für jeden Dreck.

Die tot sind, gaukeln. Die leben, träumen.
Also bin ich gestorben und lebe, wann ich mag!
Ich verlange zu lieben, fliege durchs Versäumen
Jahre, Sommer lang, an einem Nachmittag.

Feuer, 1979

Den Komposthaufen abzufackeln, kam er mittags aus dem Haus
und schritt quer durch mein Spielfeld – die gepflasterte Terrasse –
mit geballter Faust und in der Linken einer dunkelgrünen Flasche:
Traumtanz-Endspiel. »Kick du ja nicht noch mehr Scheiben ein!«
Mein Vater stapfte übers Gras, auf dem in seinem Schattenkäfig
wie verkohlt starr mein Kaninchen saß. Es war sein letzter Sommer,
ehe es verschwunden blieb, ein Bussardopfer, stumm und schwarz.

Aus diesem Garten trat ich eine Pille mal hinüber zu dem Treibhaus
und hör heute noch die Scheibe splittern. Aus der Küche wie von fern
Musik. Und Klirren. Anfang Juli. Meine Mutter spülte hundert Gläser
von dem Gartenfest am Tag zuvor. Mein Vater stand vorm Kompost,
goss den Spiritus darüber, nahm die Schachtel aus der Faust, strich
teilnahmslos das Streichholz an, den Schlüssel eines Höllentors.
Ich dribbelte. Ich sah ihn dastehn, überlegen, ob er werfen solle.

Feuer, ich sah einen Drachen, Schwall aus Licht und gleißend
Tier, das ihn verschluckte. Es war windstill. Aber in dem Lodern
schien der Wind zu leben, heiße Flagge, gelb, rot, bläulich grüner
Krieg, ein ungeheuer böses Glück, das sich an meinem Vater rieb,
ein Pferd aus Flammen, das ihn mit sich riss, obwohl er dastand,
reglos war wie ich. Wir standen beide da, er brannte lichterloh,
ich brannte innerlich. Und aus der Küche, wie von fern, Musik.

Leb wohl, Klatschmohn

Westjütland, Sommerregen,
in den Grasdünen der Geruch
von Birkenholzfeuern.
                    Ich renne
durch grüne Wogen, sehe vor mir
die brennenden Bäume, das Weiß
ihrer Stämme, einen in Flammen
stehenden ganzen Wald, aber
einzig hinter den unruhigen
Augen.
        Es gießt. Ein Gitter, eine
senkrechte Brandung, das Kattegat
kommt zu mir und schickt seinen
Überfluss, schickt seine roten
Regenkuriere.
                Kølle-valmue, farvel!
sagt ein im Seewind sich eigenhändig
zerraufendes Schattenfeld. Leb wohl,
Klatschmohn,
                du Kindermenetekel
an allen ins Gras gestürzten Wänden.
Keine Sommer werden mehr kommen,
die wie früher wären, oder wenn doch,
werd ich es nicht erkennen, nicht mal
verblüfft sein, wie spät es schon ist.

Für Jürgen Abel

Schwarze Fische

Die Welt löst sich ab, und die Leute
verschwinden. Was sie umgab, findet statt
genauso ohne sie. Dafür such du dir ein Bild.
Meer schwarz, Rumpf schwarz, aus dem Hellen
stürzen entsetzt in die Sitzreihen geschnallt
Schatten in die Schatten, Wälder, Wellen.

Und du lebst. Da, das getigerte Tier,
blasser Katzenscherenschnitt zwischen
Vorhang und Fenster, durch das Licht fällt.
Der warme Märznachmittag auf den Tischen,
alle Worte auf und davon auf einem Wind
und du dir selber ferner als Malaysia.

Verbinde die Bilder. Verbind sie innig.
Keine Angst umgibt dich wie ein Stein,
nichts schließt dich ein. Nur du dich aus.
Halt fest. Halt fester, heiter. So ein Schwarz,
das gibt es noch nicht mal bei den Fischen.
Sie staunen, stehen still. Und entwischen.

Im Sargzimmer

Bloß erfolglose Vertreter und mittel-
prächtige Lyriker bringt man so unter,
zumindest in Berlin. Die Hauptstadt.

Nicht die deine. Deine Hauptstadt ist
unsichtbar, umso hörbarer. Platanen
berauschen dort, Regen ist Frische,

Tiere sind wilde Bürger, verkappter
Selbsthass unbekannt. In dem Sarg
im dunklen Charlottenburg weißt du

es wieder, du bist nicht besser als ein
ausrangierter Güterwaggon, abgestellt
allein an einem Feld an der Grenze zu

Brandenburg oder tief im Sächsischen.
Niemandszüge rattern vorüber, und es
wird einer halten, um dich anzukoppeln,

wart es nur ab, fünf, sechs Jahre noch,
und Feierabend! Du horchst. Von Wand
zu Wand anderthalb Meter. Träum schön.

Schluss, Enttäuschung

An solchen Tagen vergehen Jahre,
   Müllschluckertage. Eine Ewigkeit
Nieselregen, während du die graue
   Wohnung durchquerst. Du starrst
ins Innenhofdunkel, blickst über die
   Autodächer zu dem Goldbarren der
letzten Bäckerei der Welt, deren Licht
   am Mittag erlischt. *Pourtant*, lass sie,
diese Enttäuschung, nicht so ein Herz
   in der Brust zu haben, wie sie sagen,
jeder müsste es. Ein Scheusal bist du?
   Eher scheu wie Saalberg. Du kennst
eine, die geht tagtäglich an schlimmsten
   Gräben spazieren, während du lieber
einkaufst (Wein), skrupellos hinauflachst
   in Krankenhausfenster, wo Alte sitzen
und dich ansehen. Du müsstest bloß …
   ja was: Zeit haben? Lieben, was jedem
zu lieben geblieben! Ließe sich nur eine
   Wahrheit formulieren (Trommeln) und
pochte die dir im Hals, wäre gerecht und
   verschaffte allem Zuspruch. Weshalb
aber Koryphäe sein (Konifere) auf einem
   winzigen, gar nicht mitteilbaren Gebiet.
Alles so eitel. Lass mal gut sein. Schluss,
   Enttäuschung. Widerstand, vielleicht
ist er nur ohne Aufrufe möglich (Gedicht).
   Während er in deiner wilden Liebe lebt.

Ich zähle alles, was da ist, zusammen
und komme auf nichts. Ich zähle und
zähle Asche, zähle Wimpern, Blicke,
Boote, Möwen, ich komme auf nichts.

Fliegt, ihr Biester! Segelt ihnen nach,
Nussschalen. Ich blicke übers Meer,
streue Wimpern, streue Asche, zähle,
ich zähle, was nicht da ist, zusammen.

Inhalt

PARK, SIEBEN STOCKWERKE TIEFER 9
Escheburg 11
Alter Landweg bei Bergedorf 12
Den Wolken 13
Stadthausbrücke 14
Mitte 15
Grüne Kräne 16
An einem grauen Stuttgarter Mittag 17

ALS BELGIEN FURCHTBAR WAR 19
Eisgrube 21
Parkplatzkönig 22
Tränenturm 24
Ein New Yorker Zollinspektor 26
Crow 27
Als Belgien furchtbar war 28

UMZUG MIT APOLLINAIRE 29
Bienen von Fuhlsbüttel 31
Lima 32
Mauerseglerhitze 33
Umzug mit Apollinaire 34
    1 ANNIE 34
    2 UMZUG EINER ROSE 34
Rhyl 35
Komm mit nach Wulin 36

AUSSCHAU NACH ALLEM 37
Das Buch 39
Portrait d'une baraque 40
Das Kind Kalifornien 41

143

Old Grand-Dad 42
Gespräch mit dem Gecko 43
Broadway-Melodie von 2008 45
Moon 47

DAS WEITE GEFUNDEN 49
Aufwachen in Victoria 51
Bojendorf 52
Briefe im Freien 53
Solsbury Hill 54
Symi 56
Vela Luka 58
Wyoming 59

JA IST DAS WEISSE WUNDER 61
Ajgi 63
Der Neuanfang 64
Schnee im Mirabell 65
Ja, der Schnee 66
Venceremos 67
Reise der drei Waisen 68

WIMPERN UND ASCHE 71

DIE RUE RAYNOUARD UM SECHS 83
Stare im Mohn 85
Einhelligkeit mit Dohlen 86
In the Mood 87
Die Nandus in Törpt 88
Gruß an dein Herz 90
Fasane bei Gryphius 91
Changning 92

OZELOT   93
Das trabende Gras   95
Handtaschen   96
Jede Nacht die Sterne   97
Oboe   98
Einmal, nie   99
Ozelot   100
Steg   101

ÜBER FÜNFZIG SOMMERANFÄNGE   103
Möglichkeiten   105
Die Sommer in Rouen   106
Mistral   107
Wieder in den Wicken erwacht   108
Sommerhaus   109
Innigkeit   110
Julita   111

ENTZWEIGEGANGENES BOOT   113
Lenzburg   115
Zwischen den Zeilen   116
Du   117
Tubus   118
Furchtbares Glück   119
Pferd   120
Mittagsschlaf   121

AUSGEWÄHLTE ABSCHIEDE   123
Aus den nördlichen Regengebieten   125
Der Klippengarten   126
Mail aus Scheusal   127
Elizabeth Street   128
Mit dem März   129
Sander Tannen   130

Shanghai Express   131

FLÜGE DURCHS VERSÄUMTE   133
Bilanz nach einundfünfzig Sommern   135
Aus den Notizen zu einem Selbstbildnis   136
Feuer, 1979   137
Leb wohl, Klatschmohn   138
Schwarze Fische   139
Im Sargzimmer   140
Schluss, Enttäuschung   141

Ich zähle alles, was da ist, zusammen   142